人気スタイリストへの近道シリーズ vol.17

売れる! 使える!
小顔カット
徹底講座

塚本 繁 [K-two]

PROLOGUE

「どうすれば、お客さまにより良いヘアデザインを提供できるか？」——その答えを求めて、僕が長い間試行錯誤し、導き出した答え。それが、本書のテーマである「小顔カット」です。「小顔カット」とは文字通り、カットだけで顔を実際よりも小さく、魅力的に印象づける顔立ち補整術。日本人は欧米と比べ、ハチ張り気味の骨格と平面的な顔立ちの影響で、どうしても頭が大きく見えがちです。美容師には、顔型や目鼻立ちなど、お客さま一人ひとりで異なる顔の特徴を見極め、小顔の印象に導く知識や技術が欠かせません。また、今は誰かのマネではなく、オンリーワンのヘアスタイルが求められる時代。一人ひとりのお客さまに対し、どれだけ似合わせることができるかが、売れる・売れないを決める重要な要素なのです。本書を通じて、顔＝フロントビューを起点とした似合わせ術を学び、明日からのサロンワークにぜひ生かしていきましょう。

塚本 繁 ［K-two］

[Contents]

- 005 **第1章**
  小顔カットの基礎知識＆カウンセリング術
  - 006 ウレスタ必須の「小顔カット」とは？
  - 007 小顔に見えるヘアデザインは何が違う？
  - 008 「小顔カット」あり・なし、仕上がりの違い
  - 010 小顔に見せるための黄金ルール
  - 011 顔に似合わせるための基本知識
  - 012 「小顔カット」の基本工程
  - 014 「顔＝デリケートなエリア」と心得よう
  - 015 カウンセリングで見るべきポイント
  - 016 4人のモデル別・顔型診断の実践
  - 020 小顔カットミニ講座　問題と答え

- 021 **第2章**
  小顔カットの基本①／フォルム
  - 022 小顔のためのフォルムデザインを学ぶ
  - 023 ヘアデザインにおけるフォルムの役割とは？
  - 024 フォルムに関する基礎知識・1　シルエットと女性像の関係
  - 026 フォルムに関する基礎知識・2　"顔に似合う"フォルムの組み立て方
  - 027 顔型4タイプ別、ベストフォルムの実例
  - 028 フォルムカット実践　モデルA／丸顔
  - 030 フォルムカット実践　モデルB／面長
  - 032 フォルムカット実践　モデルC／ベース型
  - 034 フォルムカット実践　モデルD／逆三角形
  - 036 小顔カットミニ講座　問題と答え

- 037 **第3章**
  顔カットの基本②／顔まわり＆ディテール
  - 038 顔に似合う＝小顔に見せるフォルムと顔まわり
  - 039 小顔の印象を高める顔まわりデザイン
  - 040 顔まわりに関する基礎知識・1　顔まわりで"小顔に見せる"デザインづくりの基本
  - 042 顔まわりに関する基礎知識・2　顔型別メインバング＆サイドバングの組み合わせ
  - 044 顔まわりカット実践　モデルA／丸顔
  - 046 顔まわりカット実践　モデルB／面長
  - 048 顔まわりカット実践　モデルC／ベース型
  - 050 顔まわりカット実践　モデルD／逆三角形
  - 052 小顔カットミニ講座　問題と答え

- 053 **第4章**
  ミックス型への似合わせ
  - 054 「ミックス型」について学ぼう
  - 055 ミックス型の場合、似合わせもミックスする
  - 056 実践 "丸顔＋α"のミックス型への似合わせ
  - 058 Model Case1／丸顔×ベース型
  - 060 Model Case2／丸顔×逆三角形
  - 062 実践 "面長＋α"のミックス型への似合わせ
  - 064 Model Case3／面長×ベース型
  - 066 Model Case4／面長×逆三角形
  - 068 小顔カットミニ講座　問題と答え

- 069 **第5章**
  "なりたい"を叶える似合わせ術
  - 070 似合わせが難しいオーダーにどう応える？「要望」と「小顔」を両立させるポイント
  - 071 似合わせの難しいオーダーは"顔型と似合うバランス"を探る
  - 072 Case1／ベース型にフルバングを似合わせる
  - 074 Case2／面長×丸顔のミックス型にショートバングを似合わせる
  - 078 Case3／逆三角形にラウンドフルバングを似合わせる
  - 080 Case4／面長に長めの前髪を似合わせる
  - 084 小顔カットミニ講座　問題と答え

- 085 **第6章**
  大人客向け小顔カット活用術
  - 086 "顔＝フロントビュー"で年齢的な「変化」を意識する
  - 087 大人の女性に対するアプローチとは？フォルム＆顔まわりの3大鉄則
  - 088 Model1／30代前半×丸顔
  - 092 Model2／30代後半×ベース型
  - 096 Model3／40代前半×面長
  - 100 小顔カットミニ講座　問題と答え

URESTA! 人気スタイリストへの近道シリーズ 17

売れる！使える！小顔カット徹底講座

―― 第1章 ――

小顔カットの基礎知識＆カウンセリング術

本書では、『K-two』の塚本 繁さんが、
長年のサロンワークと研究によって生み出した「小顔カット」について学びます。
どんなタイプのお客さまにも応用できる普遍的な理論と、
顔立ちをカバーしながら小顔に見せる補正術は、必見です。

CONTENTS

第1章　小顔カットの基礎知識＆カウンセリング術 ｜｜ 第4章　ミックス型への似合わせ
第2章　小顔カットの基本①／フォルム ｜｜ 第5章　"なりたい"を叶える似合わせ術
第3章　小顔カットの基本②／顔まわり＆ディテール ｜｜ 第6章　大人客向け小顔カット活用術

Introduction

お客さまにずっと支持される理由 ウレスタ必須の「小顔カット」とは?

売れっ子スタイリストを目指すならば、「小顔カット」は必ず身につけておきたいスキルです。
まずは、塚本 繁さんにその理由を聞きましょう。

お客さまに支持される美容師の条件とは、何でしょうか? 期待や希望に応えることは、大前提。売れる・売れないを大きく左右するのは、実は「小顔カット」なのです。

誰だって顔が大きく見えるヘアデザインより、小さくバランス良く見えたほうが嬉しいですよね。「小顔カット」とは文字通り、カットだけで実際よりも顔が小さくなったように見せること。日本人はハチが張り気味の骨格と平面的な顔立ちによって、どうしても頭が大きく見えやすい。だからこそ"カットによる顔立ち補正術"は、サロンワークに欠かせない重要な技術になるのです。

では、実際にどれだけ多くの美容師が、このテクニックを実践できているでしょうか。「ただ何となく」では、仕上がりにムラが出たり、自信を持って提案できず、本当のお客さま満足やリピートにつながりません。また、今はひとりの女性がいろんなテイストを楽しむ時代。カットでベストな土台をつくっておけば、どんなイメージでも小顔をキープすることができます。

仕上がりとお客さま満足を劇的に変える「小顔カット」。6章にわたる本書を通じて、一緒に理解を深めていきましょう。

「小顔カット」のメリット 3

「小顔カット」のメリットは大きくわけて、次の3点になります。

Merit 1
「小顔カット」でスピードアップ!

顔まわりは、カットの工程の中でも的確な判断と繊細な施術が要求される、難易度の高いエリア。どこまで切り進むべきか、長さやライン、幅、厚みの設定はどうするかなど、考えれば考えるほど迷いが生じやすい。しかし、「小顔カット」なら、目指すゴールがしっかり見えているので、悩みがちな顔まわりのデザインも、迷わずスピーディーに施術できる。

Merit 2
「小顔カット」で提案力アップ!

ひとりの女性でも、タイミングによってなりたいイメージは変わるもの。美容師には、お客さまの希望に合わせた幅広いデザインのバリエーション、対応力が求められる。ただ、注意したいのが「どんなときも小顔に見せたい」という安心。顔の骨格や目鼻立ちを考慮した「小顔カット」が実践できれば、"なりたいイメージ+小顔"を両立できる。

Merit 3
「小顔カット」で信頼度アップ!

「小顔カット」は、顔への似合わせが基本。つまり、小顔に導く普遍的なセオリーを身につけることで、顔を小さく見せつつ、オンリーワンのヘアデザインを提案できる。また、顔まわりで悩むお客さまには、「小顔カット」でコンプレックスを"さりげなく"解消し、その人が持つ美しさを引き立てれば、お客さまからの信頼感が高まる。

小顔に見えるヘアデザインは何が違う？

顔のかたちや頭の大きさは同じなのに、カットした後のほうが、
顔がもっと小さく、かわいらしく見える理由とは？ 同じ女性で「小顔カット」あり・なしの仕上がりを比較します。
小顔に見せるためのポイントはどこか、塚本さんの似合わせ術を見ていきましょう。

肩下20センチのロングヘアで、前髪は目にかかる長さ。顔型は卵型ながら、やや丸みが強い。頭の骨格はハチが張り気味。目鼻立ちの間隔や高さは標準的でバランスのとれた状態。

Before

「小顔カット」あり・なしで、仕上がりはどう変わる!?

小顔カットあり　　小顔カットなし

仕上がりのここに注目！
☐ 肌の見え方（＝顔の肌面積）の違い　☐ サイドバング（＝前髪とサイドをつなぐ部分）の違い
☐ 正面から見たフォルム・ウエイト位置の違い

次のページで、それぞれの仕上がりをチェックしよう!!

「小顔カット」あり・なし、仕上がりの違い

同じモデルで「小顔カット」を施術した場合と、しなかった場合の仕上がりの
違いを確認していきます。まずは小顔に見せるポイントを押さえましょう。

Before

小顔カットなし

- ペタンとしたトップ
- すき間のない前髪
- メリハリのないAラインフォルム
- 毛先がやや内に入ったストレートな状態

□ 肌の見え方
（＝顔の肌面積）の違い

「小顔カットなし」は、ストレートのメインバングをサイドまでつなげた状態。「小顔カットあり」はメインバングのラインを斜めに設定してカットし、すき間をつくった。前髪〜サイドをつなぐ部分（＝サイドバング）は、ラウンド状の切り口でディスコネでカット。その結果、「小顔カットなし」は、Beforeから肌の見える部分が横に広がったのに対し、「小顔カットあり」は縦に伸び、横はせまくなったことで、肌面積のバランスが良く見えている。

小顔カットあり　　小顔カットなし

サイドまでつながった「小顔カットなし」に対し、「小顔カットあり」では独立したサイドバングの効果で、肌の見える面積が変化した。

□ サイドバング
（＝前髪とサイドをつなぐ部分）の違い

前髪とサイドをつなぐフェイスラインにも、大きな違いがある。「小顔カットなし」は、前髪のラインをサイドまでつなげたのに対し、「小顔カットあり」は前髪とサイドをつなぐ部分をディスコネし、ラウンド状の切り口にした毛束、サイドバングを配置。この毛束がほお骨の高い部分を包み込み、肌の見え方を調整している。

"顔＝正面"を起点にした
フォルムと顔まわりで小顔に見せる

「小顔カット」あり・なしで、仕上がりの印象を分けた主な要因は、「肌の見え方（＝顔の肌面積）」、「サイドバング」、「トップの高さ・ウエイトの位置」の3点。いずれの要素も、前から見たときのヘアデザインに大きく関係しているのがわかる。つまり、見る人に小顔の印象を与えるためには、常にヘアデザインを正面からとらえて発想することが重要だということ。フロントビューを重視してフォルム・顔まわりの髪を調整すれば、顔の見え方・印象はまったく変わるのだ。

小顔カットあり

- ふんわりとしたトップ
- すき間あり
- ポイントとなるサイドバング
- 立体感のある斜めラインのメインバング
- メリハリのあるひし形フォルム

「小顔カット」では"顔＝正面"を起点に、ヘアデザインを発想していきます

□ トップの高さ・ウエイトの位置

「小顔カットなし」はウエイト低めのAラインフォルム。トップがペタンとして、ウエイト位置も全体的に低く、フォルムにメリハリがない。一方、「小顔カットあり」は、トップにレイヤーを入れて高さを出し、首まわりにウエイトとくびれをつけたひし形フォルム。シルエットにメリハリをつけたことで、小顔効果がより高まっている。

小顔に見せるための黄金ルール

前ページで確認したように、小顔の印象を強くするためには、必ず押さえておくべきポイントが存在します。ここからは、そうした「小顔カット」の黄金ルールを確認していきます。

シルエット（アウトライン）

トップの高さや正面から見たウエイト位置、曲線・直線といった形状など、シルエットでヘアデザイン全体の印象が大きく変わる。

インナーライン

顔まわりのデザインによって、肌の見え方、顔の縦横比が変わる。

Rules1

ヘアデザインは"シルエット"と"インナーライン"でわける

"シルエット"とはヘアデザインの外側、つまりアウトラインを指し、"インナーライン"とは髪と顔の境界線、顔まわりを意味する。顔の特徴をふまえてシルエット、インナーラインのデザインを組み合わせることで、顔をさまざまな印象へ導くことができる。

小顔カットで →「縦3：横2」の卵型に！

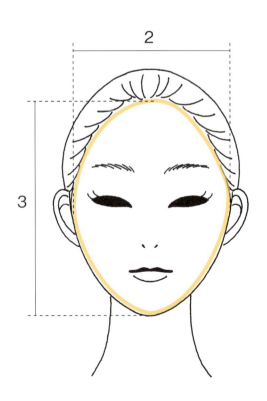

Rules2

理想の小顔バランスは卵型の「縦3：横2」

視覚的に美しいとされる理想の顔型は、一般的に「卵型」とされ、その比率の目安は「縦3：横2」。また、顔は目、鼻、口といったパーツで構成されているが、位置や大きさには個人差があり、顔の縦幅・横幅も人それぞれで異なる。これらをふまえ、「小顔カット」では、肌面積比率を「縦3：横2」に近づけるアプローチをベースに、デザインを考える。

顔に似合わせるための基本知識

「小顔カット」は顔への似合わせが大前提。そのためには、
顔のかたちや目鼻立ちの特徴を正確に把握する必要があります。「小顔カット」のマスターに向け、
その基本となる顔型、目鼻立ちについておさらいしましょう。

【 顔型 】

顔型とは顔の輪郭を指し、大きく分けて「丸い＝丸顔」、「あごが鋭い＝逆三角形」、「エラが張っている＝ベース型」、「長い＝面長」の4タイプが挙げられる。たとえば目鼻立ちが同じでも、顔型が違うと印象は大きく変わる。つまり、顔型は人の見た目に大きく影響を与えるということ。

面長
顔の縦幅が横幅より長い
ほお骨の位置が高め
目からあご先までの距離が長い

丸顔
あごの線が丸みを帯びている
顔の縦・横の長さの比率が近い
ほおがふっくらしている

逆三角形
あごが細く、とがっている
ハチが張り気味であごの輪郭がシャープ
ほお骨が横に張って目立つ

ベース型
エラが張っている
顔の横幅が大きく平面的
骨格がしっかりしている

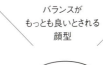

バランスが
もっとも良いとされる
顔型

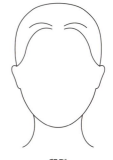

卵型

【 目鼻立ち 】

目鼻立ちとは目、鼻、口といったパーツのバランスによってつくられる顔立ちの印象を意味する。「小顔カット」では、顔パーツの配置バランス、スペースの違いなどを把握することが重要。求心的か遠心的かといった特徴を押さえた上で、必要に応じて顔まわりの髪で肌面積の見え方を調整する。

遠心的
顔のパーツが中心から離れている

標準

求心的
顔のパーツが中心に寄っている

「小顔カット」の基本工程

「小顔カット」の工程は、通常のカットプロセスとどこが違うのでしょうか。
基本工程を振り返りながら、小顔に導くための施術のポイントを学びます。

 第2章で学ぶ

 第1章で学ぶ

Step2：フォルムを切る

【 レングス設定 】

レングスは、ヘアデザインに対する要望の中でも、「伸ばしたい」「思い切って短くしたい」など、お客さまが具体的にイメージしやすいことが多い。ここをはずすと、どんなに小顔に見えたとしても、心の満足は得られないので要注意。

【 フォルム設計 】

レイヤーやグラデーションの構成で、全体のシルエットを決める。小顔に見せることを出発点に、ヘアデザインを発想するため、主に"前から見たシルエット"を中心に考えていく。詳細は第2章で詳しく学ぼう。

Step1：カウンセリング

【 顔分析 】

ヘアデザインの方向性を決めるため、まずはお客さまの要望やなりたいイメージ、また愛読している雑誌などを具体的に確認する。その際、お客さまと同じ目線＝正面に立って、顔型・目鼻立ちといった顔の物理的な特徴を把握する。

Point1

ベースはドライカットで再現性◎＆スピーディーに

基本的にベースカットは、ドライの状態で行なう。その理由は（1）髪のクセや毛流れなどを見極めてカットすることで、再現性を高める、（2）シャンプーや乾かす時間を省略し、施術時間の短縮化をはかるため。ただし、ショートやラインを強調するヘアスタイルの場合は、カットラインを明確にするため、ウエットから切り始める。

ウエットでスタート
ショートヘアや前下がりボブなど、肩上の長さでかたちやラインのはっきりしたスタイルは、ウエットで切り始める。

ウエット

ドライ

ドライでスタート
ドライでスタートした場合、パネル間にずれが生じやすいので、最後のチェックカット（クロスオーバーカット）は必須。

僕は常に、ヘアデザインを決める優先順位として、最初にお客さまのなりたいイメージや要望を確認し、次に顔への似合わせを考えていきます。要望はケースバイケースなので、本書ではまず「丸顔」、「面長」、「ベース型」、「逆三角形」の一般的な4つの顔型別に、小顔に見せる方法をお教えします

第3章で学ぶ　　　　　　　　　　　　　　　　　　第3章で学ぶ

← Step4：ディテールを切る　　　　　　　　← Step3：顔まわりを切る

【 毛量調整 】

おもにセニングシザーズを使って、フォルムや顔まわりなど、毛量調整が必要な部分に対し、必要な分だけカット。

【 メインバング 】

顔まわりは、額中央にかかる部分を「メインバング」、その左右からサイドにつながる部分を「サイドバング」に分けてカットする。メインバングは、顔型や目鼻立ちに応じて、幅や長さ、すき間の有無などを設定する。

【 チェックカット 】

チェックカットは、塚本さんオリジナルテクニックの"クロスオーバーカット"で、ラインのズレや角を取り除き、フォルムにやわらかさを出す。

【 サイドバング＆フェイスライン 】

サイドバング＆フェイスラインの長さやライン、量感、厚みなどは、顔型や目鼻立ちの特徴によって調整する。小さなエリアだが、最終的な仕上がりに与える影響は大きい。目尻から生え際までの距離や毛量、クセなども把握しておこう。

Point2

ニュートラルな毛先でフォルム＆ディテールを持続

塚本さんはベースをブラントで切り、毛量調整はセニングシザーズで行なう。ベースカットでは、髪の中心に対して直角にシザーズを入れて切ることで、毛先がニュートラルな状態に。こうすることで、髪が伸びたときにハネたり、フォルムやディテールがくずれるのを防ぐ。

切り口が斜めになると
切り口が斜めの場合、一定の毛流れができるため、毛先がハネたり質感を乱す原因に。

ブラントは直角に！
髪の毛に対し、シザーズを直角に入れてカットし、毛先をニュートラルな状態に保つ。

カウンセリングを始める、その前に
「顔＝デリケートなエリア」と心得よう

「小顔カット」に必要な基本知識を学んだ後は、最初のステップであるカウンセリングからスタート。
顔は程度の差こそあれ、悩みを抱えるお客さまが多いデリケートなエリア。
まずは、多くの女性たちから支持を受ける塚本流カウンセリングのキモを見ていきます。

今日は顔まわりをこんな感じにすると、かわいいと思うよ

あごのラインがシャープな逆三角形タイプだから、デザインは……

カウンセリングポイント1

顔に関する特徴は"心の中"で把握する

美容師側から顔の特徴をストレートに指摘したり、否定するような言葉をかけるのは絶対に避けよう。また、お客さまが自分から話題にしても、明るい接客で「そうですよね」といった同意はNG。特徴をさりげなく把握し、ヘアデザインでしっかりカバーするのが塚本流。

カウンセリングポイント3

ふだんのスタイリングも必ず確認する

特に初めてのお客さまには、自分でどのようにスタイリングしているのか、具体的な方法や使用するスタイリング剤、お手入れ時間などのほか、そのタイミングについても質問する。一人ひとりのライフスタイルやニーズをきちんと把握し、デザイン設計に生かす。

アイロンで髪を巻く人の場合、巻き上がりの長さを想定してレングス設定する。

カウンセリングポイント2

顔まわりのチェックはお客さまに意識させない

顔型や頭の大きさ、ハチの張り具合といった物理的な特徴を見極める際は、お客さまに意識させないのがポイント。額やこめかみの幅、生え際のクセなど、髪が下りたままでは見えない部分は、触診の際にさりげなく確認する。

OK

NG

髪を持ち上げて確認するのはNG。見られていることを感じさせないように、さりげなく確認する。女性にとって、顔はデリケートなエリアと心得よう。

カウンセリングで見るべきポイント

顔の特徴を把握することは、その人に合ったヘアデザインを考える上で、重要な指針となります。ここでは、顔分析で見るべきポイントを紹介します。

[顔型]

顔の輪郭＆頭の骨格を確認

お客さまにまっすぐ正面を向いてもらい、前〜横の角度から、顔の輪郭や肌の見え方（縦・横の比率）、生え際〜目尻までの距離を確認する。また、触診を通じて、ハチまわり、トップの高さなど、頭の骨格も確認しておこう。

[目鼻立ち]

顔パーツの位置に注目

目鼻立ちのパーツはかたちよりも、求心的か・遠心的か、高いか・低いかなど、顔のどこに位置するかが重要な情報となる。位置によって顔まわりのデザインを調整することが重要、と覚えておこう。

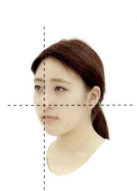

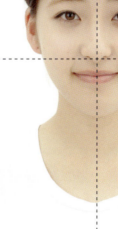

"顔"のとらえ方は人によって違う！ 正確な分析と似合わせの精度を高めよう

顔型や目鼻立ちは、本人の認識と美容師側から見た客観的な分析との間に、ズレが生じやすいため、カウンセリングの際は、まず"お客さまが自分の顔をどうとらえているのか"確認しましょう。たとえば、顔型は丸顔なのに、本人が顔の長さを気にしている場合、優先順位としてお客さまの悩みを解消したうえで、顔への似合わせを考えていきます。そのためにも、美容師には正しい分析と、似合わせの技術が求められるのです。

※顔型と本人の希望が合わない場合の対処法は、第5章で詳しく解説！

「小顔カット」の第一歩！
4人のモデル別・顔型診断の実践

代表的な4タイプの顔型別に、カウンセリング〜カット終了までを3回に分けて追っていきます。
今回の分析結果は、今後のヘアデザインを決める土台となります。

モデルA

【 Before＆肌の見え方 】

Iラインシルエットのロングレイヤースタイル。レングスは肩下40センチで、低めにレイヤーが入っている。前髪は目が隠れる長さのフルバングで、顔の下半分しか見えない状態。レングスが長く毛量も多いため、すそに向かって横に広がり、ウエイト位置は低め。

【 顔分析 】

顔の輪郭が全体的に丸みを帯びている。顔の横幅は広く、ほおもふっくらした状態。目鼻立ちのバランスは良い。こめかみの生え際〜目尻までの距離がやや長いため、ほおの面積がより広く感じられる。

モデルAの分析結果

- 顔型は「丸顔」
- 目鼻立ちのバランスは標準
- 厚めのフルバングが顔の横幅と丸みを強調
- ウエイト位置が低めのIラインシルエット

＼丸顔／

モデルB

【 Before &
肌の見え方 】

鎖骨下のワンレングス。前髪は右から左に斜めに流れており、サイドまでつながっている状態。7：3のパートにより、ライトサイドの眉〜生え際まで額の一部が見えており、肌面積は縦方向に広く見える。特に目立ったクセ、ダメージはない。

【 顔分析 】

額〜あご先までの距離が長く、顔の横幅も狭いため、縦長の印象が強い。目鼻立ちのバランスは標準的。あごの輪郭はゆるやかなカーブを描いている。首が細く長いため、全体的に縦長に見える。

モデルBの分析結果

- 顔型は「面長」
- 目鼻立ちのバランスは標準
- 斜めラインの前髪で肌面積は縦に広い
- 首が細く長いため、より縦長の印象が強い

モデルC

【 Before &
肌の見え方 】

肩レングスのミディアムレイヤーで、サイドのラインはゆるやかな前上がり。前髪は目にかかる長さで、ラウンド気味に耳前までつながっている。太くて、ややクセがある髪質のためふくらみやすく、レングスが伸びたことでフォルムにメリハリがない状態。

【 顔分析 】

エラが張っていて、あご先にかけて直線的かつしっかりした骨格。首はやや短め。目鼻立ちのバランスは良い。ほおまわりに厚みはないが、ほお骨が出て、ハチもやや張り気味。

モデルCの分析結果

- 顔型は「ベース型」
- 目鼻立ちのバランスは標準
- メリハリのないフォルムで頭が大きく見える
- ハチやほお骨の影響で角張って見える

「丸顔」、「面長」、「ベース型」、「逆三角形」といった代表的な4つの顔型は、これからもよく登場します。その特徴をもう一度しっかり復習し、サロンワークでも「お客さまの顔はどのタイプかな？」とイメージしながら、顔型診断のトレーニングをしてみてください

モデルD

【 Before & 肌の見え方 】

肩下30センチのロングヘア。トップに軽くレイヤーが入っているが、伸びてほとんど動きが出ない状態。前髪は目につく程度の長さ。細毛で毛量は少ない。メリハリのないIラインシルエットと、まっすぐ下ろした前髪の影響で、顔の下半分が強調されている。

【 顔分析 】

顔の輪郭はシャープで、あご先が鋭くとがっている。ハチはやや張り気味。ほお骨の位置が高く、ほおの面積も広いため、あご先に向かって急激に細く、狭くなっているような印象を与えている。

モデルDの分析結果

- 顔型は「逆三角形」
- 目鼻立ちのバランスは標準
- 顔の横幅はやや広く、あご先がシャープ
- 前髪の影響で顔の下半分が目立つ

＼逆三角形／
▼ ⬠ ○ ○

まとめ

カットだけで顔が小さく、魅力的に見えるのは、
髪という額縁で顔の印象をコントロールしているからです。
なりたいテイストや年齢が違っても、基本を学ぶことで
幅広いお客さまに応用できる「小顔カット」。
第2章では顔型別に最適なフォルムの見極め方と
カット技術を学びましょう！

ウレスタ目指して、一緒に勉強していきましょう！

第1章

さらに役立つ！ 小顔カットミニ講座

人が美しいと感じる、理想の顔型とその縦・横の黄金比は、次のうちどれ？

Ⓐ 丸顔 縦3：横3

Ⓑ 面長 縦4：横3

Ⓒ 卵型 縦3：横2

問題解答

答えは「(C) 卵型／縦3：横2」です。「縦3：横2」の比率は黄金比と呼ばれ、昔から芸術的に見ても、多くの人が美しく感じるバランスを意味します。顔型では「卵型」が、もっとも調和のとれた理想的な小顔バランスです。

URESTA! 人気スタイリストへの近道シリーズ 17

売れる！使える！
小顔カット徹底講座

―― 第2章 ――

小顔カットの基本①
フォルム

第2章では前回行なった顔分析をもとに、
代表的な4つの顔型に適したフォルムを切っていきます。フォルムを切ることは、
ヘアスタイルづくりの第一歩。顔骨格の特徴をふまえたフォルムワークと
その技術を学び、「小顔カット」の基礎を固めていきましょう。

CONTENTS

第1章 小顔カットの基礎知識&カウンセリング術	第4章 ミックス型への似合わせ
第2章 **小顔カットの基本①／フォルム**	第5章 "なりたい"を叶える似合わせ術
第3章 小顔カットの基本②／顔まわり&ディテール	第6章 大人客向け小顔カット活用術

小顔のためのフォルムデザインを学ぶ

ヘアデザインの"かたち"を意味する、フォルム。顔への似合わせを前提とする「小顔カット」では、おもに正面から見たときのシルエットを中心に考えます。まずは、前章で紹介した基本的な流れとポイントについておさらいしましょう。

小顔というゴールを常に意識してカットしましょう！

カウンセリング

まずはお客さまの顔を正確に分析する

「小顔カット」は、顔への似合わせが基本。カウンセリングでは本人の希望や悩みを確認しながら、顔型、顔パーツの位置やバランスなどをチェックする。お客さまに姿勢をきちんと正してもらい、顔の特徴をしっかり把握する。

デザインのプランニング

顔の特徴をふまえた"小顔バランス"を見極める

実際の顔かたちが変わらないのに、なぜ小顔に見えるのか？ それはもっともバランスのとれた"卵型"に近づくように、顔の特徴に合わせてシルエットや顔まわりを調整しているから。デザインを考える際は、一人ひとりで異なる最適な"小顔バランス"を見極める。

どんな人も小顔に見せる！「小顔カット」成功のプロセス

顔型や目鼻立ちなど、100人いれば100通りの顔が存在する。どんなお客さまでも、小顔に見えるヘアデザインを提供できるように、各工程のポイントを理解しておこう。

Rules1
ヘアデザイン＝シルエット×顔まわり

ヘアデザインは正面から見た状態で、外側の輪郭であるシルエットと、髪と顔の境界線である顔まわりに分けて考える。

Rules2
顔まわりの髪で肌面積を「縦3：横2」に

視覚的に美しいとされる比率が「縦3：横2」の卵型。顔まわりの髪で、顔の内側の肌の見え方を「縦3：横2」に調整する。

カット

顔への似合わせを意識し3ステップでカット

デザインプランが決まったら、いよいよカットの工程へ。「フォルム」、「顔まわり」、「ディテール」の3ステップで切り進める。各ステップの中で、常に顔への似合わせを意識する。

ヘアデザインにおけるフォルムの役割とは？

ここからは、本書のテーマのひとつであるフォルムづくりについて考えていきます。
そもそもフォルムとは、ヘアデザインの中で一体どんな役割を果たしているのでしょうか。
正面から見た際のシルエットを例に解説します。

内巻き・横長シルエットのミディアムヘア

コンパクトで縦長シルエットのショートヘア

ヘアデザインの「かたち」は
その人の印象を大きく左右する

ヘアデザインの外枠を構成する「かたち」は、その人の「第一印象」と深く結びついている。

シルエットで"女性像"が変わる

ウエーブやカールなど、丸みや曲線的な要素の強いシルエットの場合、女性らしいムードが高まる。逆に直線的になるほど、クールに見えるなど、ヘアデザインの大まかなかたちで女性像は変化する。

→女性像とシルエットの詳細はP.24参照。

シルエットで"顔の見え方"が変わる

シルエットは、長さや形状によって"顔の見え方"に大きな影響を与える。「小顔カット」ではこの特徴を利用し、顔型に応じて"髪型の輪郭"をつくり分けることで、顔型や頭の骨格のデメリットをカバーする。

→顔型とシルエットの詳細はP.26参照。

フォルムに関する基礎知識・1

シルエットと女性像の関係

ヘアデザインの大枠であるシルエットと、仕上がりの女性像やイメージには、
ある一定の法則が存在しています。この法則は、お客さまの
なりたい要望を叶えるために、押さえておくべき重要な基礎知識です。

→ 直線

ウエイト 高

Casual

Cool

特徴
髪の形状がやや曲線的&毛先にラフな動き

↓

女性像：**カジュアル**

特徴
髪の形状が直線的&スリークでタイトなシルエット

↓

女性像：**クール**

ウエイト 低

髪の形状とウエイト位置で女性像の幅が広がる

シルエットが曲線的になるほど、女性的なイメージが高まる。ただし、毛先が内巻きの場合はエレガントに、外巻きまたは多方向に向かう場合、カジュアル感が増し活発な印象につながる。各女性像で、ウエイトが高いデザインは若々しく、ウエイトが低いデザインは落ち着いた雰囲気になっている。いずれの場合も、顔型や目鼻立ちを考慮した「小顔カット」をベースにしているので、小顔の印象はキープされている。

シルエットが変わると女性像はどう変化する？

第1章で「小顔カット」を施術したモデルで、シルエットのみ変化をつけて、女性像にどのような違いが生まれるかを検証する。

曲線 ←

フォルムと女性像の基本的な関係を、しっかり理解しておきましょう

 Feminine

 Natural

特徴
毛先に立体的なカール＆ふんわりエアリーなシルエット
↓
女性像：フェミニン

特徴
毛先が内巻き＆まとまり感のあるふんわりシルエット
↓
女性像：ナチュラル

フォルムに関する基礎知識・2

"顔に似合う"フォルムの組み立て方

基本的には、①お客さまの要望 ②顔型 ③目指す女性像の順に
フォルムデザインを考えますが、①③はお客さまによって対応が異なります。今回は②について、
代表的な4つの顔型への似合わせを通じて学びます。

"顔型"と"ウエイト位置"のバランス

その人にフィットしたフォルムをつくるために、意識しておくべきポイントがあります。
それは、"顔型"と"ウエイト位置"のバランス。

Check2
"ウエイト位置"で気になる部分をカバー

「丸顔」の場合、ほおの横は避けて上か下にボリュームを出すなど、カバーすべき顔の特徴に応じてウエイトのありかを決める。

Check1
卵型と比較し気になる特徴を判断

まずは、お客さまの顔を卵型と比較。「丸いか四角いか」、「縦長か横長か」など、気になる"顔の外側=輪郭"の特徴を判断する。

ヘアスタイルにおけるシルエットのウエイト位置は、その設定次第で顔型の気になる特徴をやわらげたり、逆に悪目立ちさせることもある重要ポイント。
※顔型別のフォルム例は左ページを参照。

「小顔カット」のフォルムプランニングの流れ

シルエットのウエイト位置をどこに置くか。その判断基準となるのは、ずばり"顔"!

顔型4タイプ別、ベストフォルムの実例

ここからは「丸顔」、「面長」、「ベース型」、「逆三角形」と、
4タイプの顔型に応じたフォルム&ウエイト位置とその考え方を紹介します。レングスは
サロンワークでニーズの高い、ミディアム～ロングとします。

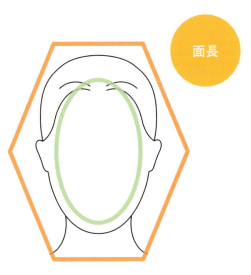

縦幅の中間にウエイトを置き
縦長の印象をやわらげる

顔の縦幅が横幅よりも長い「面長」は、顔の中間に
ウエイト位置を決めて、縦長感を視覚的にやわらげる
と良い。ハチまわりのボリュームはおさえ、縦幅の中
間にウエイト位置を設定したシルエットが適している。

→面長モデルの実践編はP.30

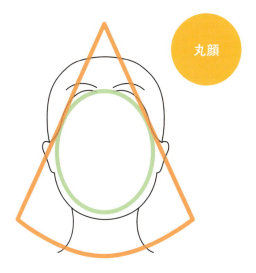

フォルムのウエイトは
ほおより下に置く

顔の輪郭が丸い「丸顔」は、ふっくらとしたほおの真
横を避け、その上か下にウエイトを置く。レングスが
長い場合、トップには高さを出し、ウエイト位置を低
めに設定したティアドロップ型が良い。

→丸顔モデルの実践編はP.28

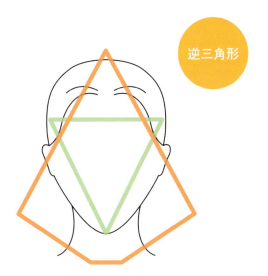

トップの高さはおさえ
あご先にボリュームをプラス

あご先の細い「逆三角形」は、フォルムに高さと先細
り感を出さないようにするのが、ポイント。トップの高
さはおさえて、あご周辺にウエイトを置くことで、顔の
下半分にボリュームのあるフォルムに仕上げる。

→逆三角形モデルの実践編はP.34

ハチまわりにボリューム厳禁
フォルムの重心は低めに設定

「ベース型」はハチやエラが張り出しているため、顔
の上半分が大きく見えやすい。ハチまわりにはボリュ
ームを出さず、顔の下側に重心を置いたフォルムで、
上下のボリュームバランスを調整する。

・ベース型モデルの実践編はP.32

フォルムカット実践

モデルA
丸顔

ほおより下にウエイトを設定し
ティアドロップ型で丸さをカバー

ぽっちゃりした顔立ちが特徴の「丸顔」。ほおより下に
ウエイトを置いたティアドロップシルエットで、顔を小さくスリムに見せます。

[Before]

現在のヘアスタイル

肩下40センチのロングヘア。髪の重さによりトップがペタンとつぶれており、毛先は伸びっぱなしでやや薄い状態。前髪は目が隠れる長さのフルバング。

髪質

硬さ／軟らかい
毛量／多い
太さ／細い
クセ／ややうねるクセあり

[Form Planning]

～「丸顔」のためフォルムプランニング～

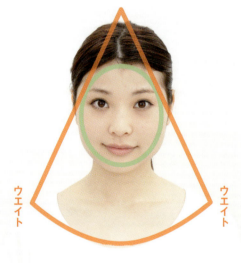

Point2
丸い印象を緩和させるティアドロップシルエット

フォルムのウエイト位置は、ほおより下に設定する。トップには高さを出して、すそをラウンド状に広げた"ティアドロップシルエット"にカットする。

Point1
ウエイトの位置はほおの真横に置かない

ふっくらとしたほおの真横にボリュームをつくると、顔の丸みが目立ってしまう。レングスが長い場合、ほおより下にウエイトを設定し、ボリュームのある部分から視線をずらす。

[Cut Process]

 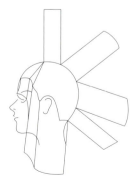

1 施術前のバックのアウトライン。毛先の薄いV字から、まとまりのあるラウンド状にカットする。

2 バックセンターは、パネルを真下に下ろして毛先5センチをブラントカット。左右はパネルを頭の丸みにそって引き出して同様に切り、センターとつなげる。

3 トップ～ミドルにレイヤーを入れる。トップの髪を真上に引き出してカットし、肩につく程度の長さのガイドをつくる。

Form Finish

Beforeに比べて、毛先にほどよい厚みとボリューム感が出ている。

Bad

ほお周辺にウエイトを置くと、丸さがますます強調される。

7 顔まわりの毛先に軽く動きをつけるため、イヤーツーイヤーより前の髪を45度前方に引き出し、前上がりに切る。バックの髪も同様に引き出してカット。

6 ミドルも4、5と同様にカットし、レイヤーをつなげる。

5 続けて、フロントの生え際まで放射状にパネルをとって4同様にカット。顔まわりは1パネル分後ろに引いて切り、重さを残す。

4 3をガイドに正中線上に縦スライスをとり、レイヤーを入れる。パネルの毛先は扇状に開いてカットし、段差に丸みを出す。

モデルB
面長

中間にウエイトを置いて縦長の印象をやわらげる

"直線×縦長"の印象が強い「面長」には、顔まわりにウエイトを置いたグラボブで、"丸み×横長"の印象を高めます。

【 Before 】

現在のヘアスタイル

鎖骨下のワンレングス。直毛の髪質に加えて髪が伸びた結果、シルエットの"直線×縦長感"が強くなっている。また、右から左に髪が流れやすい。

髪質

硬さ／ふつう
毛量／ふつう
太さ／細い
クセ／なし

ウエイト　ウエイト

【 Form Planning 】

～「面長」のためフォルムプランニング～

Point2

毛流れをコントロールして毛先に自然なカーブをプラス

毛先が自然に内に入った、丸みのあるボブをつくるためには、毛流れをしっかりチェックしておくことが大切。つむじを起点に、左右の毛流れを考慮してカットする。

Point1

顔の中間にウエイトを置き縦の長さを分断する

上下に長い「面長」。シルエットはトップの高さをおさえて縦幅の中間にウエイトを置き、毛先に丸みのあるグラボブをつくる。顔まわりのボリュームで、細面の顔立ちをカバー。

【 Cut Process 】

3 オーバーセクションはアウトラインをガイドに、頭皮に対して指2本分ステムを上げて、グラデーションカット。

2 バックネープは左右に分けて、パネルを前方に向かってななめ45度でシェープし、チェックカット。パネル表面と内側の角をとる。

1 頭を軽く下げてもらい、バックのレングスからカット。長さをあご下に決め、毛先にカールをつけることをふまえ、やや長さを残して前下がりに切る。

Form Finish

毛先が内に入って、顔まわりにボリュームのあるグラボブが完成!

Bad

同じボブでも、サイドがペタンとしたフォルムは、顔の長さが強調されて逆効果。

7
ウエットの状態でセニングカット。バックポイント下に縦スライスでパネルをとり、パネル上端の毛先を逃がしながらイングラ状に削ぐ。

6
サイド表面の髪を放射状にとかし下ろし、4、5で切ったパネルをガイドに、生え際まで切り進める。

5
逆サイドも4同様に切る。

4
サイドはバックからつなげて前下がりにカットし、レングスを決めつつ3と同様にグラを入れる。

ほどよいくびれフォルムで
横に張り出した骨格をカバー

骨格が張り気味の「ベース型」は、ハチまわりのボリュームをおさえて、首もとにくびれをつけたメリハリのあるフォルムで、小顔の印象に導きます。

[Before]

現在のヘアスタイル

ローレイヤーベースのミディアムヘアで、サイドは前上がり。多毛でふくらみやすい髪質に加え、すそにかけてボリュームが出ているため、頭が大きく見える。

髪質

硬さ／ふつう
毛量／多い
太さ／太い
クセ／
広がりやすいクセあり

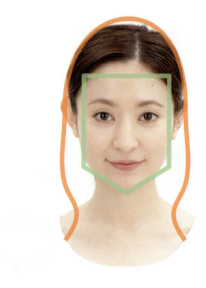

[Form Planning]

〜「ベース型」のためフォルムプランニング〜

Point2

**フォルムのくびれは
あごまわりより下に**

どこに"くびれ"をつけるかで、仕上がりの印象は大きく変わる。「ベース型」の場合、あごまわりのシルエットを締めると、顔の輪郭が強調されてNG。今回は首もと〜鎖骨付近にくびれをつける。

Point1

**レングス×ウエイト調整で
横に大きい骨格をカバー**

「ベース型」はハチやほお骨が張り出しているため、顔の上半分が横に大きく見える。ハチまわりのボリュームはおさえて、首もとにフィットするようにくびれをつけた"重心低めフォルム"で、下半分に視線を集める。

[Cut Process]

3

モヒカンライン上に横スライスをとり、パネルを真上に引き出して2をガイドにカット。ハチが張っているので、スライス幅はやや広めにとってレイヤーを入れる。

2

トップを縦スライスで真上に引き出し、あご下に落ちる長さのガイドをつくる。

1

ブラントカットで毛先をトリミング。アウトラインを整える。

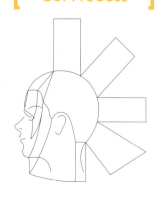

Form Finish

首もと〜鎖骨のくびれ効果で、エラ張りが目立たなくなった。

ウエイト低め&すそ広がりのAラインシルエットでは、顔が大きく見える。

Bad

5、6の境目は、ウエイトポイントを明確にするため角を残す。

4、5をガイドに、レイヤーをミドル、アンダーと下につなげる。

続けて、放射状にパネルをとってサイドまでレイヤーをつなげる。イヤーツーイヤーよりフロント側は、1パネル分後ろに引いて前下がりに切る。

正中線沿いに縦スライスをとり、2の切り口とつなげて、ハチまわりに入れるレイヤーのガイドをつくる。

モデルD
逆三角形

あごまわりにウエイトを置き
シャープな輪郭をやわらげる

「逆三角形」の顔型には、ボリューム感に乏しいあごまわりに厚みと幅を持たせて、シャープな輪郭をカバーします。

[Before]

現在のヘアスタイル

肩下30センチのローレイヤーベース。毛量は少なく、毛先もやや薄い状態。縦長のスリムなIラインシルエットのため、あご先の細さがより際立っている。

髪質

硬さ／ふつう
毛量／少ない
太さ／細い
クセ／ややうねるクセあり

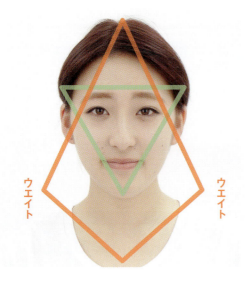

[Form Planning]

～「逆三角形」のためフォルムプランニング～

Point2

丸みを意識したカットでフォルムにやわらかさを出す

アウトラインをラウンド状にし、毛先に厚みを出すなど、常に"丸み"を意識して切る。トップに入れたレイヤーを下につなぐ際は、パネルをゆるめてカットし、アンダーにほどよい重さを出す。

Point1

あご付近にウエイトを置いたすそ広がりのフォルムに

「逆三角形」はトップに高さを出し、すそにかけて先細りにしたシルエットを合わせると、顔の輪郭が目立って逆効果。ウエイトはあご付近に置いて、フォルムのすそに厚みを出す。

[Cut Process]

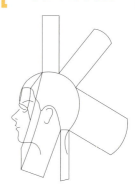

3 2のパネルを丸めて、アウトラインとのコーナーを丸くつなげる。

2 イヤーツーイヤーより前の髪を集めて45度前方に引き出し、アウトラインをガイドにレイヤーを入れる。毛先に厚みを出すため、パネルの下辺は厚めに残す。

1 バックは毛先5センチをブラントカット。厚みのある、ゆるやかなラウンドラインに切る。

Form Finish

あご下にウエイトを置いたすそ広がりのフォルムが、シャープな輪郭をやわらげている。

Bad

ウエイト高めですそをしぼったフォルムは、顔の細さを際立たせる。

7

顔まわりは厚みを出すため、1パネル分後方に引いて切り進める。

6

オーバー、ミドルとレイヤーをつなげる。パネルをゆるめて下辺の毛を逃がしながらカットし、すそに重さを残す。

5

2、3でカットしたパネルに合わせて、オーバーセクションにレイヤーを入れる。バックトップにガイドをつくる。

バックを前方に引き出し、毛先を扇状に開きながらカット。顔まわりのレイヤーとバックの接続部分をなめらかにつなげる。

まとめ

顔型別モデルカットの実践、いかがでしたか？
顔型の特徴をしっかり理解しておくことで、
フォルムのプランニングがとてもスムーズになります。
カバーすべきポイントはどこなのか見極めて、
フォルムデザインに生かしましょう。

第3章は「小顔カット」の要、顔まわりのカットに進みます！

第2章

さらに役立つ！ 小顔カットミニ講座

フォルムデザインを考える上で、顔型に似合わせるための大切なポイントは、A〜Cのどれでしょうか？ 理由とともにお答えください。

A レングス **B** 女性像 **C** ウエイト位置

後藤先生

（A）〜（C）はいずれも重要な要素ですが、今回のポイントは「小顔の印象をつくる」という点。答えは「（C）ウエイト位置」。"顔型"の特徴を判断してバランスの良い"ウエイト位置"を提案します。

URESTA! 人気スタイリストへの近道シリーズ 17

売れる！使える！
小顔カット徹底講座

――― 第3章 ―――

小顔カットの基本②
顔まわり&ディテール

前章では、顔型に合わせてウエイト位置をコントロールする
"フォルムづくり"について学びました。
本章は「小顔カット」基本の総仕上げ、"顔まわり"の設計方法を取り上げます。
顔まわりの調整法をしっかり学び、理想の小顔バランスを実現できるようになりましょう。

CONTENTS

第1章　小顔カットの基礎知識&カウンセリング術	第4章　ミックス型への似合わせ
第2章　小顔カットの基本①／フォルム	第5章　"なりたい"を叶える似合わせ術
第3章　小顔カットの基本②／顔まわり&ディテール	第6章　大人客向け小顔カット活用術

顔に似合う＝小顔に見せる
フォルムと顔まわり

前章はヘアデザインの土台となる、フォルムカットについて学びました。
今回は、その"顔型別フォルムコントロール"についての復習から始めます。

第2章の復習

シルエットのウエイト操作で、小顔に見えるフォルムに

見た目の印象に強く影響を与えるフォルムのバランスは、小顔デザインの第一関門。
そのコントロールで重要な点は、正面から見たシルエットのウエイトと、顔型とのバランスだ。顔の特徴をふまえてウエイトを調整することで、その人に似合う（＝バランスの良い）小顔フォルムが実現できる。

面長

縦幅の中間にウエイトを置き
縦長の印象をやわらげる

丸顔

フォルムのウエイトは
ほおより下に置く

逆三角形

トップの高さはおさえ
あご先にボリュームをプラス

ベース型

ハチまわりのボリュームは厳禁
フォルムの重心は低めに設定

顔型の特徴をやわらげる
4タイプ別ベストフォルム

ヘアデザインにおける「かたち」は、その人の印象を左右する——前章はフォルムの役割についての理解を深めた上で、シルエットと女性像の関係や、"顔に似合う"フォルムの組み立て方などを学んだ。左図の「丸顔」、「面長」、「ベース型」、「逆三角形」の顔型4タイプ別ベストフォルムの実例は、フォルムプランニングの基礎となるので、ぜひ覚えておこう。

上記の内容をふまえ、
本章は…

顔まわりのプランニングと技術を学ぶ

第3章では顔まわりの
デザイン設計において、
小顔に見せるために
押さえておくべきポイントを、
顔型別に学ぶ。

顔型によって似合う
フォルムは違います！

小顔の印象を高める顔まわりデザイン

顔まわりのデザイン次第で、イメージは一変する——そう言えるほど、顔まわりのデザインは女性像やなりたいイメージと深い関係にあります。今回は"小顔に見せる"という視点から、顔まわりの役割とそのデザイン構成について掘り下げていきます。

顔まわりは"顔と髪の境界線"

顔まわりのデザインで顔型の見え方が変化する

ヘアスタイルに占める面積は小さいけれど、顔まわりのデザインが担う役割は非常に重要。"顔と髪の境界線"である顔まわりをどうコントロールするかで、顔型に対する印象は劇的に変わる。

目指すは理想の小顔バランス「縦3：横2」

顔まわりのバランスづくりは、フォルムカット同様、"卵型"に近づけることが基本。理想の小顔バランスを目指して、まずは現状の特徴を把握することから始めよう。

卵型は"理想の小顔バランス「縦3：横2」"で構成された、理想の顔型。このバランスを目指し、顔の肌面積の見せ方をコントロールする。

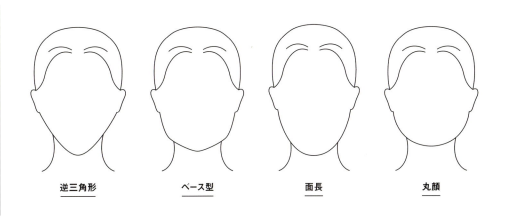

逆三角形　　ベース型　　面長　　丸顔

顔まわりに関する基礎知識・1

顔まわりで"小顔に見せる"デザインづくりの基本

「小顔カット」では、顔まわりを「メインバング」と、「サイドバング」に分けます。
それぞれに役割を持たせ、目的に応じた組み合わせ方を
マスターすれば、仕上がりの印象を自在にコントロールできます。

顔まわり＝メインバング＋サイドバング

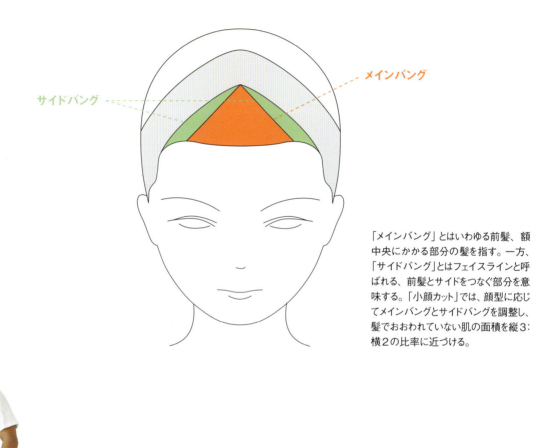

メインバングとサイドバングに分けることで、似合わせの精度がアップします

「メインバング」とはいわゆる前髪、額中央にかかる部分の髪を指す。一方、「サイドバング」とはフェイスラインと呼ばれる、前髪とサイドをつなぐ部分を意味する。「小顔カット」では、顔型に応じてメインバングとサイドバングを調整し、髪でおおわれていない肌の面積を縦3：横2の比率に近づける。

顔まわりデザインの基本的な進め方

顔まわりのデザインづくりにおける基本的な工程は、下記の順。

Step1
卵型と比較し、
顔型を分析する

Step2
メインバングの
デザインを決める

チェックポイント
☐ 幅　☐ 長さ　☐ すき間の有無

Step3
サイドバングの
デザインを決める

チェックポイント
☐ 厚み　☐ 長さ

メインバングとサイドバング、デザイン設計の指針

ここからは、メインバングとサイドバングのデザインを決める際に、
その手がかりとなる基本的な指針を紹介します。

【 メインバング 】

メインバングは幅や長さ、すき間の設定によって、顔立ちの印象をコントロールできる。

① **幅**
幅を狭くとれば顔の横幅がスリムに、広くとればワイドに見える。

② **長さ**
メインバングが短くなるほど、額の見える面積が増え、縦長な印象が強くなる。

③ **すき間**
顔の長さに影響を与える。すき間があれば顔は長く見え、なければ短く見える。

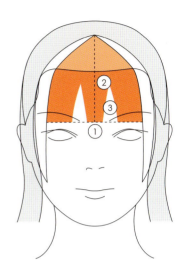

すき間のつくり方も印象を左右する

大きなすき間を左右につくる"M字バング"は、額の見える肌面積が増えて軽い印象が強まり、顔の上半分をスリムに見せられる。また、すき間が深くなると縦長感が強調される。

額を出すかどうかで長さの印象が変わる

フルバングのように、額を出さない前髪(写真上)は、顔の横幅を強調する。逆にサイドパートなどで"斜めバング"にすると、縦長のすき間ができ、縦方向の印象が増す。(写真右)。

【 サイドバング 】

サイドバングは厚みと長さの設定によって、顔立ちの印象をコントロールできる。

① **厚み**
サイドバングの厚みを薄くすると顔はワイドに見え、厚くすればスリムに見える。

② **長さ**
サイドバングの長さが長いほど、顔はほっそりして見える。

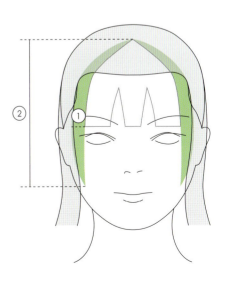

 次ページからは顔型別の顔まわりデザインを紹介

顔まわりに関する基礎知識・2
顔型別メインバング&サイドバングの組み合わせ

メインバングとサイドバングの役割が理解できたら、4タイプの顔型別に、
フィットさせやすい顔まわりのデザインを学びましょう。理想の小顔バランスを実現するためには、
どんな組み合わせが最適なのでしょうか。

◯ = 卵型

面長	丸顔	顔型
☐ 顔の縦幅が横幅よりも長い ☐ ほお骨の位置が高め	☐ 顔の縦・横の長さがほぼ同じ ☐ ほおがふっくらしている	特徴
メインバングを広めにとり、横の長さを強調する。額を出すほど縦長感が増すため、ショートバングのようなデザインは避けたほうが良い。	メインバングの幅は狭めに設定し、顔の横幅をスリムに見せる。また、横長の印象が強いため、片側にパートをとって斜めに流し、縦長のすき間をつくると良い。	メインバング
メインバングの幅をできるだけ広くとったほうが良いため（＝縦長感をやわらげる）、サイドバングはつくらない。つくったとしても、薄くする。	サイドバングは厚め&ほお骨の高い位置よりやや長めに設定し、ほおのふくらみをカバーする。短いと顔の丸さが目立つのでNG。	サイドバング

→モデルの実践例はP.46　　→モデルの実践例はP.44

顔まわりもフォルムと同様、"顔"を基準にデザインを考えていきます。卵型と比較して顔型の特徴を把握し、メインバングとサイドバングに分けてプランニング。「縦に長い"面長"はフルバングで縦長感をやわらげる」というように、顔型ごとに縦・横の長さや形状をヒントにすると、迷わずにデザインを決めることができ、施術時間の短縮にもつながります

顔型	▽ 逆三角形	⌂ ベース型
特徴	☐ ほお〜あごにかけての輪郭がシャープ ☐ あご先が細いため顔上部が大きく見える	☐ ハチやエラが張っている ☐ あご先が細く、シャープな輪郭
メインバング	メインバングは狭くとって、左右にすき間をつくり、幅広な顔上部を細く見せる。また、すき間を深めにすると顔の縦長感が増し、あご先の細さが目立つため、浅めにし上下のバランスをとる。	ハチやエラが張っているので、メインバングの幅は狭く、左右にすき間をつくって、ハチ〜エラの張り出した骨格を細く見せる。
サイドバング	サイドバングは厚め&短めにとり、ラインをややラウンドさせることで、あごまわりのシャープな印象をやわらげる。	横に張り出したエラ部分をカバーするため、サイドバングは厚め&長めにとり、ほお骨〜あご付近にかぶせる。

→モデルの実践例はP.50　　　　　　　　　　→モデルの実践例はP.48

モデルA 丸顔

顔まわりカット実践

斜めに流したメインバングと 厚め長めのサイドバングで細面に

「丸顔」は、サイドパートで片方の眉をしっかり出したメインバングと、ほおにかかる長めのサイドバングで、顔の横幅を狭く見せます。

[Form Cut 終了]　　[Before]

  ＜

髪質
硬さ／軟らかい　毛量／多い
太さ／細い
クセ／ややうねるクセあり

「丸顔」のための 小顔フォルム

丸みの強いほお周辺は、ウエイトが出ないようにフォルムを構成。毛先にほどよい厚みとボリューム感を出し、ティアドロップシルエットにカット。

1 メインバング
2 サイドバング

[Main&Side Bangs Planning]

～「丸顔」のための顔まわりプランニング～

2 サイドバング

厚め＆長めのサイドバングで 顔の横幅をコントロール

ほおの下があらわになると、下ぶくれに見えるので避けること。サイドバングは厚め＆長めに設定し、丸みの目立つほおを隠して横幅の広さを減らす。

1 メインバング

深め＆片側にすき間をつくり ナナメバングで縦長に見せる

ワイドなフルバング（＝メインバング幅広＆長め）は、顔の丸みが目立つのでNG。片方の眉がしっかり見える深めのすき間をつくり、縦に長い印象を高める。

[Cut Process]

3 ライトサイドも2と同様にカット。流す方向とは逆にパネルを引いて切ることで、分け目中心に左右で分かれる前髪に。

2 1で切ったパネルをガイドに、流したい方向と逆にパネルを引き出してブラントカット。ヘビーサイドから切る。

1 メインバングは目尻幅より狭く、奥行きをやや深めに分けとる。右寄りにパートをとり、目の上ギリギリの長さでカット。

Finish

Zoom Up!

4

サイドバングは厚め&長めに分けとり、ほお骨の高い位置から骨格に沿って斜めにブラントカット。メインバングとラインをつなげる。

5

ほおにかかる長さで、厚めのサイドバングが完成。

6

バック内側や表面の中間〜毛先に、グラデーションの角度でセニングカット。続けて、パネルをなめして後方にひねり、表面と内側の角をとる。逆サイドまで同様に一周繰り返す。

7

顔まわりはバランスを見ながら、毛先1〜2センチをセニングでカットし、なじませる。

モデルB 面長

ワイドバングで縦の長さを調整
細長の顔型が小顔に変身

「面長」の顔まわりは、縦長をカバーするのが最大のポイント。
ワイドなフルバングで縦に長い印象を弱め、横長感を出します。

[Form Cut 終了]　　　　　　　　　**[Before]**

髪質
硬さ／ふつう　毛量／ふつう
太さ／細い　クセ／なし

「面長」のための小顔フォルム
顔の縦幅の中間にウエイトを置いたグラボブ。毛先が自然に内に入るように仕上げてフォルムに丸さを出し、縦長×直線の印象を弱めた。

[Main&Side Bangs Planning]
～「面長」のための顔まわりプランニング～

① メインバング

② サイドバング

サイドバングはつくらずにメインバングの幅を広げる

メインバングをサイドまで幅広くとるため、今回はサイドバングをあえてつくらない。この選択が、面長にフィットする顔まわりのデザインを可能にする。

① メインバング

ブラントなラインのフルバングで縦長の顔型を横に広げて見せる

額をおおい隠す直線的なフルバングで、縦に広い肌面積を減らす。また、メインバングの幅はサイドまで横に広くとることで、縦長から横長の印象に変えて、卵型に近づける。

[Cut Process]

   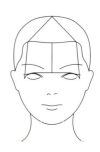

3 2で切ったパネルをガイドに、両サイドまで2と同様に切り進める。

2 目にかからない程度の長さを想定し、目の上ギリギリの長さに切る。毛先が自然に内に入るように、ややパネルを持ち上げてグラを入れる。

1 ワイドバングをつくるため、メインバングはサイドまで幅広くとる。また、額が透けないよう、やや厚めにする。

Finish

Zoom Up!

7

毛先2〜3ミリをセニングカットでぼかす。刃先を深く入れると、毛先が薄くなり、透け感が出てしまうので要注意。

6

クロスオーバーカットで、5で切った後の毛先に残るブラント感をとりのぞき、フォルムのアウトラインを整える。

5

ミドルセクション、アンダーセクションの内側、表面の中間〜毛先には、グラの角度でセニングを入れる。量感を整えながら丸みをキープする。

4

こめかみ付近は骨格の傾斜に沿って、ややラウンド気味にカットする。

モデルC
ベース型

M字バングと長めサイドバングで四角い顔立ちがすっきり小顔に

「ベース型」は、左右にすき間をつくったM字バングで縦長感を出し、"厚め×長め"のサイドバングで、張り出した骨格をカバーします。

[Form Cut 終了]　　　　　　　　　　　[Before]

髪質
硬さ／ふつう　毛量／多い
太さ／太い
クセ／広がりやすいクセあり

「ベース型」のための小顔フォルム
ハチまわりのボリュームはおさえて、あご下にウエイトをつけてくびれフォルムにより、横に張り出した骨格を目立たなくしている。

1 メインバング
2 サイドバング

[Main&Side Bangs Planning]
〜「ベース型」のための顔まわりプランニング〜

2 サイドバング

エラ張りをカバーする長め×厚めのサイドバング

エラの張りが気になるので、サイドバングはあごラインの長さで、厚めに設定する。あご先にかかるように毛束を配することで、張り出した骨格をカバーする。

1 メインバング

鋭角&M字状のすき間で肌面積を縦長に見せる

角張った骨格により、横幅の広さが目立つ「ベース型」。メインバングの幅は狭くとり、深めのすき間をつくって額の出る面積を増やし、顔の幅をスリムに見せる。

[Cut Process]

3
サイドバングはあごラインに届く長さで、厚めにとる。えぐるように角度をつけてラウンド状にカットし、メインバングとつなげる。

2 流す方向
毛先1センチを切りそろえて、レングスは長めに設定。流したい方向とは逆にパネルを引き出してカットし、自然な毛流れをつける。

1
メインバングの幅は、横に張り出した骨格をカバーするため、狭くとる。

Finish

Zoom Up!

4

3の切り上がり。あご先に向かって急カーブを描くサイドバングができた。

5

バックポイントから下はレイヤー、バック上部と表面はグラ状に削ぎ、フォルムにメリハリを出す。続けてクロスオーバーカットで毛先に残った角をなめらかにする。

6

中間〜毛先にセニングシザーズの刃先を軽くすべらせるように入れて、深めのすき間をつくる。すき間をつくることで、肌の面積を縦に伸ばす。

7

サイドバングの毛先2〜3センチをセニングカット。軽く動きを加えて、重く見えないようにする。

モデルD
逆三角形

ラウンド気味のすき間で
あご先の細さをカバーする

顔の上部が幅広く、あご先は細い「逆三角形」。
上下で異なるボリューム感をふまえて、顔まわりの幅やライン、すき間を調整します。

[Form Cut 終了]　　　　**[Before]**

髪質
硬さ／ふつう　毛量／少ない
太さ／細い
クセ／ややうねるクセあり

**「逆三角形」のための
小顔フォルム**

シャープな輪郭とあご先の細さを
さりげなくカバーするため、あごま
わりにボリューム感を出し、すそ
広がりのフォルムにカット。

[Main&Side Bangs Planning]
～「逆三角形」のための顔まわりプランニング～

1 メインバング
2 サイドバング

ほお骨の
高い部分

2 サイドバング

**厚めにとって
顔の幅を狭く見せる**

サイドバングも、上下の骨格に合わせ
て調整する。ほおの広さや顔上部の
横長感をカバーするため、長さはほお
骨下の長さとし、幅は厚めにとる。

1 メインバング

**幅狭めのメインバングに
すき間をやや浅くつくる**

メインバングの幅は狭くとって、すき間
をつくり、顔を細く縦長に見せる。ただ
し、あご先が細いので、M字状にすき
間をつくり、切れ込みは「ベース型」よ
りも浅めに設定する。

[Cut Process]

3
2をガイドに、サイドにかけてややゆるやかな
ラウンド状につなげていく。

2
バング中央から目にかかる長さでブラントカ
ット。

1
メインバングの幅は狭くとり、顔上部の幅を
狭く印象づけられるようにする。

Finish

Zoom Up!

7

最後に、セニングシザーズでメインバングの左右2ヵ所にすき間をつくる。深めのすき間はシャープな輪郭が目立つので、やや浅めにする。

6

毛量調整後、クロスオーバーカットを全体に施し、フォルムをなじませる。

5

サイドバングの切り上がり。ほお骨の一番高い位置から傾斜が急になる部分までをしっかり隠す。

4

サイドバングは厚めにとり、ほお骨の傾斜に沿ってカットする。

まとめ

第1章から第3章まで、
「小顔カット」の基本であるカウンセリング、
フォルム、顔まわりのカットについて学んできました。
一生役立つセオリーなので、
何度も読み返して実践してください。
第4章は、異なる顔型の特徴をあわせ持つ
「ミックス型」への対応法を解説します。

すべての基本は「顔型」です！
卵型と比較して、お客さま
一人ひとりに合った小顔デザインを
提案していきましょう

第3章

さらに役立つ！ 小顔カットミニ講座

**顔まわりを「メインバング」と
「サイドバング」に分けることで、
よりていねいな似合わせが実践できます。
次のうち、"顔を短く見せる"ための
正しい組み合わせは、どれでしょうか？**

- **A** メインバング幅狭・すき間あり ＋
  サイドバング厚め・長め

- **B** 幅広・すき間なしのメインバング ＋
  サイドバングなし（＝フルバング）

- **C** メインバング幅広・すき間なし ＋
  サイドバング薄め・長め

模範解答

答えは「（B）幅広・すき間なしのメインバング＋サイドバングなし（＝フルバング）」。メインバングに幅をつくったり、ショートバングのように額を出したりするほど、見た目には縦に伸びて、縦長の印象を強調します。

URESTA! 人気スタイリストへの近道シリーズ 17

売れる! 使える!
小顔カット徹底講座

―― 第4章 ――

ミックス型への似合わせ

小顔に見せるヘアデザインの構築法を学ぶ「小顔カット徹底講座」。
第3章までは丸顔、面長、ベース型、逆三角形を
基本に学んできましたが、第4章は複数の顔型の特徴をあわせ持つ
「ミックス型」への似合わせ法を紹介します。

CONTENTS

第1章　小顔カットの基礎知識&カウンセリング術	第4章　ミックス型への似合わせ
第2章　小顔カットの基本①／フォルム	第5章　"なりたい"を叶える似合わせ術
第3章　小顔カットの基本②／顔まわり&ディテール	第6章　大人客向け小顔カット活用術

複数の顔型の特徴をあわせ持つ
「ミックス型」について学ぼう

本講座では卵型を理想のバランスとして、丸顔、面長、ベース型、逆三角形の4タイプ別に、小顔に見せる似合わせ術を学んできました。しかし、実際にはどのタイプかはっきり分類できない場合も多いでしょう。第4章では、そうしたミックス型への対応法を解説します。

顔型がはっきり判別できない ＝ ミックス型の可能性大

お客さまの顔型を丸顔、面長、ベース型、逆三角形のいずれかひとつにはっきり判別できない——。
そんなときは、複数の要素をあわせ持つミックス型の可能性が高いと考えましょう。

どの顔型の特徴を持っているか、卵型を基準に診断しよう

まずはお客さまの顔型に、卵型をあてはめてみます。
このとき、卵型と比較してどこが出ていて、どこが足りないのかをチェックしましょう。

◯＝卵型

A ほおが丸くはみ出す＝「丸顔」の要素あり
B 顔の上下がはみ出す＝「面長」の要素あり
C ハチやエラがはみ出す＝「ベース型」の要素あり
D あごがとがっている＝「逆三角形」の要素あり

どんな要素がミックスされているか、ミックス型の詳細を分析

たとえば、AとDの両方があてはまる場合、丸顔と逆三角形のミックスと考えられます。
顔型の特徴は、卵型と比較することで、どの顔型の要素をあわせ持っているか判別します。

ミックス型の場合、似合わせもミックスする

どの顔型の要素がミックスされているか、きちんと把握できたら、
次はミックス型への似合わせ法について考えていきましょう。ミックス型は、似合わせ法もミックスして、
ヘアデザインを構築していくのがポイントです。

ミックス型への似合わせ

ミックス型への似合わせは、第2、3章で学んだ小顔カットの法則（下記表参照）を、
特徴に応じて組み合わせます。このほか、複数ある特徴の中で、
最も強い印象を持つ要素を重点的にカバーする方法もあります。

 ＝卵型

丸顔 × 面長 丸さと長さをカバー	丸顔 × 逆三角形 丸さとあごの細さをカバー ※Model Case2をチェック／P.57	丸顔 × ベース型 丸さとハチ＆エラをカバー ※Model Case1をチェック／P.56
ベース型 × 逆三角形 ハチ＆エラとあごの細さをカバー	面長 × 逆三角形 長さとあごの細さをカバー ※Model Case4をチェック／P.63	面長 × ベース型 長さとハチ＆エラをカバー ※Model Case3をチェック／P.62

顔型別小顔カットの法則

逆三角形	ベース型	面長	丸顔	顔型／ヘア
低めウエイト	低めウエイト	中間ウエイト	ティアドロップ	フォルム
浅めのすき間 M字	深めのすき間 M字	フルバング	斜め	メインバング
厚め＆短め	厚め＆長め	ー	厚め＆長め	サイドバング

ミックス型の小顔カット実践
"丸顔＋α"のミックス型への似合わせ

ここからは丸顔と、もうひとつ別の異なる特徴をあわせ持つ顔型への対応法を2例紹介。
それぞれのプロセスを通じて、ミックス型への似合わせ法を学んでいきましょう。

[Model Case1]

髪質 硬さ／硬い　毛量／多い　太さ／太い
クセ／ややうねるクセがある

顔型診断 額やほおの丸みが強い。
顔上部の横幅も広く、エラが張っている。

ベース型　　丸顔
→丸顔×ベース型のミックス

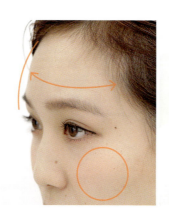

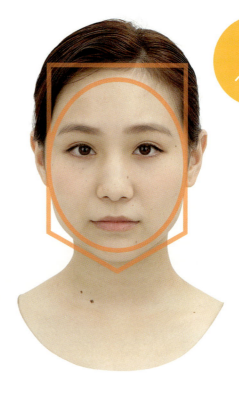

丸顔
×
ベース型

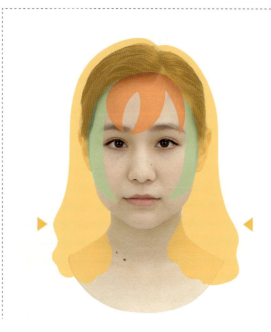

[Planning]
～「丸顔×ベース型」のための小顔プランニング～

**ウエイトはほおより低めに設定
前下がりラインで小顔に見せる** ― ①

フォルムのウエイトは、横幅の広いほおより下に置く。
サイドは、前上がりにすると顔があらわになってエラが
強調されてしまうので、前下がりに切って骨格を目立たなくする。

**すき間が際立つ前髪で
直線×縦長感を倍増させる** ― ②

ベース型の印象が強い顔型なので、メインバングは
すき間のあるM字バングを採用。サイドバングは厚め＆長めにとって、
ほおの丸みと横に張り出したエラをカバーする。

カットの詳細はP.58

[**Model Case2**]

丸顔 × 逆三角形

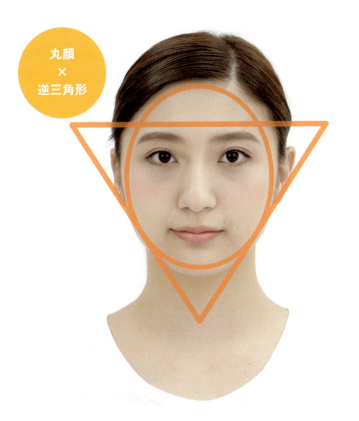

髪質　硬さ／ふつう　毛量／ふつう　太さ／細い
　　　クセ／トップがペタッと寝やすい

顔型診断　顔の輪郭は全体的に丸みを帯びていて、ほおもふっくらしている。ただし、あご先はかなり細い。

逆三角形　▼　⬠　〇　●　丸顔
→丸顔×逆三角形のミックス

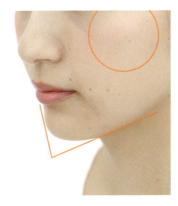

[**Planning**]

〜「丸顔×逆三角形」のための小顔プランニング〜

① **あご周辺にボリュームを出したウエイト低めのフォルム**

ふっくらしたほおの横は避けて、重心低めのフォルムをつくる。ウエイトはあご周辺に設定して、シャープなあご先が目立たないフォルムに。

② **幅&長さを調整した顔まわりでほおとあご先を同時にカバー**

顔上部の横幅が広いので、メインバングは幅を狭くとり、すき間が浅めのM字バングに。サイドバングは通常の丸顔よりもやや長めにとり、ほおとあご先を目立たなくする。

カットの詳細はP.60

Model Case1

ウエイト低め + 深めM字 + エラ下長さ
→丸顔×ベース型をカバー

（フォルム）（メインバング）（サイドバング）

ほおや額の丸みと同時に、エラが目立つ"丸顔×ベース型"のミックス型。比較的、ベース型の印象が強いので、張り出したエラを隠しながら、縦長感を出して丸さもやわらげます。

フォルム — 顔の中で一番目立つのが、ほお〜エラ部分。ここは避けて、あご周辺にウエイトを置いた重心低めのフォルムをつくる

顔まわり — メインバングは、深めのM字バングで縦長感を出し、サイドバングは長め&厚めにとって、ほおやエラの張りを隠す。

重心低めフォルムと深めのすき間で
エラ張り&ほおの丸みをカバー

After

Before

[Process]

Step 1 フォルムを切る

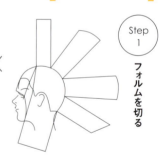

1. バックは毛先5センチをブラントカットし、ゆるやかなラウンドラインに。

2. レイヤーを入れる。トップを真上に引き出し、あごラインに落ちる長さで切って、ガイドをつくる。

3. 2をガイドに放射状にパネルを引き出し、オーバー〜ミドルにレイヤーをつなげる。毛先は扇状に開いて丸く切り、顔まわりは1パネル分後方に引く。

Step 2 顔まわりを切る

4. ミドル〜アンダーは、コンベックス状に上からのレイヤーをつなげ、アンダーの重さを出していく。

5. 顔上部の横幅が広いので、メインバングの幅は狭く、奥行きをやや深めに分けとる。まず、中央を眉下の長さに切ってガイドとする。

6. 自然に左右に分かれる前髪をつくるため、両側は流す方向と逆にパネルを引き出して、5と長さをつなげる。

7. サイドバングは厚め&長めに分けとり、エラと丸さが隠れるようにアール状にカット。

8. サイドバングの切り上がり。ふっくらとしたほおからエラまでを隠して、横に広い肌面積の見える量を減らす。

9. セニングで、表面は毛先のみ、内側は毛先1/4程度グラデーション状に間引く。

10. 中間〜毛先にセニングの刃先をすべらせるように入れ、深めのすき間をつくり、肌面積の見え方を縦に伸ばす。

Model Case2

ウエイト低め + 浅めM字 + 厚め
→丸顔×逆三角形をカバー

<small>フォルム　　メインバング　　サイドバング</small>

"丸顔×逆三角形"のミックス型は、丸いほおと細いあごという対照的な要素を持っています。
このケースは、丸顔向けの定番"幅狭の流しM字バング"をアレンジし、両方の特徴をカバーします。

フォルム　ウエイトはあごの横に置き、ふんわりとした動きと厚みのあるフォルムで丸顔のボリューム感と逆三角形のあごのシャープさを調整。

顔まわり　"幅狭の流しM字バング"をベースに、サイドバングはほお骨下の長さで厚めにとって、顔上部からサイドまでの横幅をカバー。

丸くて細い――対照的な要素を
メイン&サイドバングで緩和する

After　Before

[Process]

Step 1 フォルムを切る

1　バックのアウトラインは、毛先3センチでブラントカットし、施術前のV字ラインからラウンドラインに変える。

2　トップにあごの長さのガイドをつくり、オーバー全体にコンベックス状にレイヤーを入れる。ミドル〜アンダーまで同様にカット。

3　イヤーツーイヤーより前側は、あごラインより下にレイヤーを入れて、適度な軽さと動きを出す。

Step 2 顔まわりを切る

4　サイドとバックをつなげる。毛先を扇状に開いてカットし、丸くなめらかにつなげる。

5　顔の横幅をカバーするため、メインバングの幅は狭くとり、床と並行にパネルを引き出し、目の上ギリギリの長さにカット。

6　5をガイドに、左右の長さを切りそろえる。

7　サイドバングは、厚め&ほお骨の一番高い位置から骨格に沿ってアール状にカット。顔上部の丸みをやわらげ、バランスよく見せる。

8　サイドバングで、ほおの肌面積の見える分量が減ったことで、丸みの強い印象がやわらいだ。

9　毛量調整。内側はグラ状に毛先をセニングカット。表面は長短をつけるようにポイントで削ぎ、動きが出やすいように。

10　分け目をはさんで2ヵ所すき間をつくり、縦長感を少し出す。あごが目立たないように、すき間はやや浅めに。

Finish

Zoom Up!

ミックス型の小顔カット実践
"面長＋α"のミックス型への似合わせ

次に面長とベース型、面長と逆三角形の特徴がそれぞれミックスされたケースへの対応法を見ていきます。
縦に長い肌面積と、顔の下半分の骨格をどうカバーするかがポイントになります。

【 Model Case3 】

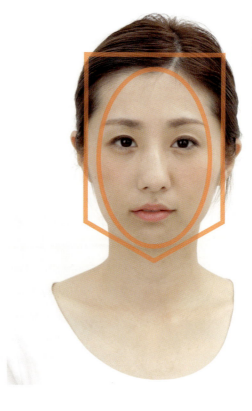

面長 × ベース型

髪質　硬さ／ふつう　毛量／ふつう
　　　太さ／細い　クセ／なし

顔型診断　顔の縦幅が上下に長い。また、ほお骨とエラがやや張っている。

　ベース型　面長

→面長×ベース型のミックス

【 Planning 】

〜「面長×ベース型」のための小顔プランニング〜

ウエイト位置を引き上げて顔まわりに動きをプラス　①

胸下10センチのロングで、縦長感が目立つBefore。
シルエットを顔横から首にかけて広がるAラインにし、レイヤーで顔まわりに動きを加えることで、気になるエラ張りをカバー。

フルバングに透け感を加えやや縦長＆ベース型の輪郭をカバー　②

ブラントで厚みのあるフルバングは、やぼったく見えるのでNG。
メインバングは幅広気味で、毛先は適度な透け感を出しつつ、サイドバングを厚めにとってほお骨の張りを目立たなくする。

カットの詳細はP.64

[**Model Case4**]

面長
×
逆三角形

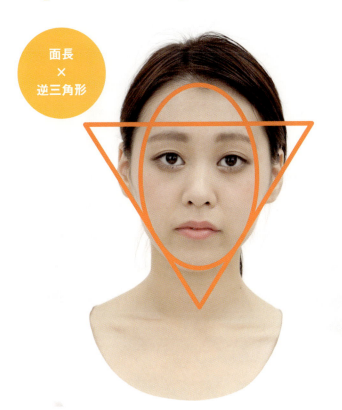

髪質　硬さ／ふつう　毛量／ふつう　太さ／細い
　　　クセ／全体的に右から左に流れやすい

顔型　全体的に顔が長く、あご先が細いため、
診断　細長い印象を強く与える。

逆三角形　　面長

→面長×逆三角形のミックス

[**Planning**]

〜「丸顔×逆三角形」のための小顔プランニング〜

① **サイドからあご下にボリュームを出して
サイドのボリューム感と細いあごをカバー**

Beforeは前上がりのミディアムレイヤーで、細いあご先が
目立っている状態。サイドをやや前下がりにし、あご付近にボリュームを
出すことで、シャープな輪郭の印象をやわらげる。

② **メインバングは幅広にとり
フルバング感を打ち出す**

前髪はフルバングをアレンジし、浅目のすき間を加えたゆるやかな
ラウンドラインに仕上げる。メインバングは幅広、
サイドバングは厚めにとって、縦に長い肌面積を減らす。

カットの詳細はP.66

Model Case 3

ウエイトUP ＋ 幅広 ＋ やや厚め
→ 面長×ベース型をカバー

フォルム　　メインバング　　サイドバング

"面長×ベース型"は上下に長く、ほお骨やエラがしっかりしているのが特徴。輪郭の張っている部分を見極めて、ボリューム位置を決定し、フルバングで顔の長さを調整します。

フォルム　フォルムはBeforeよりウエイトを上げて、顔まわりに動きを出したラウンドAラインに。面長の特徴である"直線×縦長"の印象をやわらげる。

顔まわり　フルバングで縦に長く見える肌面積を調整する。メインバングは少し幅広、サイドバングはやや厚めでほお骨が隠れる長さにとり、面長対策と同時にほおもカバーする。

ウエイト位置×顔まわりで長さと骨格の張りをカバー

After　　Before

[Process]

Step 1　フォルムを切る

1. Beforeのバックは毛先が薄い状態。毛先を10センチ切って厚みを出し、ゆるやかなラウンドラインに。

2. オーバーセクションにレイヤーを入れる。顔の中間にウエイトを出すため、ほおまわりに落ちる長さでガイドをつくり、サイドまで放射状に段をつなげる。

3. 続けて、ミドル～アンダーをつなげる。毛先は扇状に開いて丸くコンベックス状に切り、アンダーに向かって厚みを残す。

4. フェイスラインにレイヤーを入れる。1パネル目は床と平行にパネルを引き出し、以降は毛先が軽くならないよう徐々に角度を下げる。

5. バックとサイドは角をとり、フォルムになめらかさを出す。

6. フォルムの切り上がり。ウエイトが上がり、適度に軽さのあるラウンドAラインシルエットのフォルムが完成。

Step 2　顔まわりを切る

7. メインバングの幅は、少し広めに両目尻際まで分けとり、目にかかる長さに切る。ラインは水平で、サイドバングとはややラウンド気味につなげる。

8. サイドバングは角張ったほお骨が隠れる長さでやや厚めにとり、メインバングの両端とつなげる。

9. メインバングは額を出さないようにし、サイドバングをほお骨の傾斜に合わせてほお骨が隠れる長さに切った。

10. セニングシザーズでメインバングの中間～毛先をところどころ削ぎ、軽さを出す。

Model Case4

<small>フォルム　　　　　メインバング　　　サイドバング</small>

あご付近にウエイト ＋ 幅広 ＋ やや厚め
→面長×逆三角形をカバー

"面長×逆三角形"のミックス型は、あご先が細いため、縦長感が強調されて見えます。
小顔カットでは、フォルムに丸みやボリュームを加えて、縦長＆細いあごをカバーします。

フォルム　面長の顔型に対しては、顔の中間にウエイトを置くのが基本。今回はあごの細さもカバーするため、顔の中間〜あご付近にかけてボリュームのあるフォルムに。

顔まわり　前髪はメインバングをやや幅広にとってフルバング感を出し、縦方向の肌面積を減らす。サイドバングはやや厚め、ほお骨下の長さでラウンドさせてシャープなあごをカバー。

丸みとボリュームを加えることで
顔型に対応した最適なバランスに

After　Before

[Process]

Step 1　フォルムを切る

1. 施術前は前上りのミディアムレイヤー。アウトラインは整える程度で、毛先を1センチ切る。

2. トップ〜ミドルにレイヤーを入れる。まず、モヒカンラインにあご下に落ちる長さのガイドをつくる。

3. 2をガイドに、放射状にレイヤーをつなげる。

4. オーバーとミドルの境目は、毛先を扇状に開いて切り、フォルムに丸みを出す。アンダーまで同様に。

5. 表面に入れたレイヤーと、前上りのアウトラインの角をとる。頭皮に対して45度前方にシェープし、出てきた角をカット。

Step 2　顔まわりを切る

6. メインバングの幅は少し広くとり、中央を眉の位置の長さに切る。左右は同じ長さでまっすぐつなげる。

7. サイドバングはやや厚めにとり、6のラインとつなげながら軽くラウンドさせてほお骨下の長さに切る。

8. ラウンド気味のフルバングで、縦方向に見える肌面積が減少し、"横長×丸み"の印象も加わった。

9. 毛量調整。バックポイントの下は、パネル下辺の毛束を逃がしながらグラ状に削ぎ、アウトラインや厚みを維持。

10. メインバングの毛先に、浅めのすき間をつくる。細かくすき間をつくって、肌の見え方をバランス良く調整する。

まとめ

本章は、異なる顔型の特徴をあわせ持つ
「ミックス型」への似合わせを学びました。
サロンワークで、お客さまの
顔型をひとつに絞り込めない場合は、
今回学んだことを思い出してデザインしましょう。
小顔カットの基本を駆使すれば、
「ミックス型」にもスムーズに対応できますよ。

第5章は顔型への似合わせと、お客さまの要望が食い違う場合の対応法を学びます！

> **第4章**
>
> さらに役立つ！ 小顔カットミニ講座
>
> ## 小顔カットにおける「ミックス型」への似合わせとして、正しい方法は下記のうちどれでしょう。
>
> **A** フォルムだけ似合わせる
>
> **B** 顔まわりだけ似合わせる
>
> **C** フォルムと顔まわりの両方で似合わせる

答えは、(C) フォルムと顔まわりの両方で似合わせる。複数の顔型の特徴をあわせ持つ「ミックス型」の場合、似合わせもミックスするのがポイントです。これまでに学んできた顔型への似合わせをもう一度おさらいしましょう(P.55)。

URESTA! 人気スタイリストへの近道シリーズ 17

売れる! 使える!
小顔カット徹底講座

―― 第5章 ――

"なりたい"を叶える似合わせ術

お客さまの希望と、「顔型」に対する似合わせのセオリーに
ズレが生じる場合、どう対応すれば良いのでしょうか。
本章では、サロンワークでありがちな、そうしたオーダーへの対応法を紹介します。
「要望」と「小顔」を両立させる似合わせ術は必見です。

CONTENTS

第1章 小顔カットの基礎知識&カウンセリング術	第4章 ミックス型への似合わせ
第2章 小顔カットの基本①／フォルム	第5章 "なりたい"を叶える似合わせ術
第3章 小顔カットの基本②／顔まわり&ディテール	第6章 大人客向け小顔カット活用術

似合わせが難しいオーダーにどう応える？
「要望」と「小顔」を両立させるポイント

これまで学んできたのは、「顔型」を基準とした小顔デザインのセオリー。
しかし、お客さまからのオーダーが、いつもセオリーにあてはめられるとは限りません。
「要望」に応えながら、小顔に導くためのポイントを整理します。

[Counseling Start]

Point 1
オーダー確認＆顔型診断

カウンセリングで確認したいのが、お客さまが一番叶えてほしいと思っていること。複数ある要望の中で、絶対にはずせないポイントはどこかをしっかりチェックする。また、お客さまの顔型も卵型と比較＆分析しておく。

今日はどんな感じにしようか？
フルバングにしてみたいです！
フルバング希望で、顔型はベース型か…

Point 2
要望を軸にプランニング

もし、顔型に"似合わないオーダー"を受けた場合、お客さまの"なりたい"を軸にデザインを発想し、小顔に見えるポイントを探る。「要望」→「顔型」の順に"似合うデザイン"を組み立てていくと、提案内容もしぼり込められる。

わー、楽しみ
フルバングをアレンジしてかわいくするね
OK

たとえ、難しいオーダーを受けても、笑顔でデザイン提案することが大切。

え、ダメなのかな？？
フルバングは横長を強調するから、どう似合わせようかな…
NG

難易度の高いオーダーを前に戸惑いの表情を見せては×。お客さまを不安にさせてしまう。

Point 3
顔型とのバランスを考えて提案

お客さまの希望をベースにしたデザインをアレンジして顔型の特徴をカバーする。お客さまがイメージしやすいように、コームなどを使って仕上がりの長さや特徴をあらかじめ伝えて共有する。

フルバングにすき間をつくるとすごく似合うよ

「要望」と「顔型」を両立させるための鉄則
・お客さまの「要望」が最優先　・絶対にはずせないポイントをつかむ　・「要望」→「顔型」の順にプランニング

"似合わない"を"似合わせる"のがウレスタ

売れっ子スタイリストの条件として絶対にはずせないのが、お客さまの期待や要望を叶えること。「小顔カット」の施術でも、それは同じです。たとえ、要望を無視したデザインで「顔型」を理想的な方向へ導けたとしても、お客さまの気持ちに応えたことにはなりません。まず、叶えたい要望、イメージは何かをきちんと把握し、それを軸に小顔に見せるデザインを組み立てていきましょう。

似合わせの難しいオーダーは"顔型と似合うバランス"を探る

似合わせの難しい要望に対しては、前ページで学んだポイントをもとに、デザインを考えていきます。
今回は4つのケースで実践。まずは顔型の特徴と、オーダーの内容を把握しましょう。

Case 2
ミックス型で似合わせが難しいオーダー

顔型
面長×丸顔のミックス型、本人は顔の丸さが悩み

オーダー
オーダーは面長には難しいショートバング。顔の長さと丸みはどうする!?

↓

ミックス型にショートバングを似合わせるためには？

▶74ページへ

Case 1
ベース型で似合わせが難しいオーダー

顔型
ハチやエラが張って横に大きく見えるベース型

オーダー
オーダーはフルバング。横の長さがさらに目立つ可能性大!?

↓

ベース型にフルバングを似合わせるためには？

▶72ページへ

Case 4
面長で似合わせが難しいオーダー

顔型
顔が上下に長く、ほっそりして見える面長

オーダー
長さをあまり切らずに、"長めの前髪"デザインにしたい。面長はカバーできる!?

↓

面長に長めの前髪を似合わせるためには？

▶80ページへ

Case 3
逆三角形で似合わせが難しいオーダー

顔型
あごが細く顔の上半分が幅広に見える逆三角形

オーダー
フルバングでかわいく見せたい！でもワイドな前髪は、横幅を強調＆あご先が目立つ!?

↓

逆三角形にラウンドフルバングを似合わせるためには？

▶78ページへ

次ページからは、この4つのケースを解決する実践編がスタート！

ベース型にフルバングを似合わせるには?
→ すき間ありのメインバングと厚めサイドバングで対応

ほお骨やエラが張って大きく見えるベース型。髪を下ろした厚みのあるフルバングでは、
顔の横幅が強調されるので、額を適度に出して縦の印象を引き出します。

Case 1

[Before]

現在のヘアスタイル
肩下30センチのロング。全体的にレイヤーが入っていて、すそまわりに厚みがないIラインシルエット。

髪質
硬さ／ふつう　毛量／少ない
太さ／細い
クセ／クセのないストレート毛

[Planning]
～似合わせのポイント～

顔まわりは顔の横幅に合わせて、メインバングとサイドバングの幅、厚みを調整。フォルムはベース型にフィットさせやすい、ウエイト低めのバランスに。

叶えるべきデザイン
お客さまが希望しているのは"フルバング"。前髪をまっすぐ下ろして額を見せない仕上がりをイメージしている様子。

「顔型」に似合うデザイン
エラが張っていて、顔の横幅が広いベース型には、深めのすき間をつくった斜めバングを提案したいところだが……。

今回、提案するデザイン
顔の横幅を強調せずにフルバング感を出すため、メインバングは幅の狭いフルバング、サイドバングを厚めにとる。また、メインバングはブラントな切り口に適度なすき間を加えることで、"直線×縦長"の印象を出す。

[Point Process]

フォルム

Point 1
ウエイト低めの
ラウンドフォルムに

  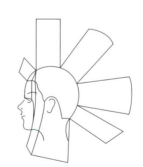 

2　毛先がふぞろいでペラペラのV字ラインから、ゆるやかなラウンドラインに。

1　アウトラインを切る。バックセンターからサイドまでブラントカット。

6　サイドとバックをつなげる。コーナーを残すように、やや前上がりのラインに仕上げる。

5　フェイスラインは、あご下からローレイヤーを入れる。パネル間の角を残すようにカットし、重さを残す。

4　オーバー～ミドルにレイヤーを入れる。トップをガイドに、正中線沿いに縦スライスをとって毛先を扇状に開いて切り、サイドまで放射状につなげる。ミドル～アンダーも同様。

3　トップはやや前方にパネルを引き出して、あご下の長さでカットし、ガイドをつくる。

[**Point Process**]

顔まわり

Point 2
メインバング狭め
サイドバング厚めに

サイドバング

メインバング

8 — バング中央のパネルを目もとギリギリの長さにカットし、ガイドをつくる。メインバングの左右の端はややラウンド状にカット。

7 — メインバングの幅は両目尻より1/3内側にとり、奥行きをやや深めにし、顔上部の横幅を広く見えないようにカバーする。

12 — メインバングは両黒目のやや内側に、毛束を細くとって毛先に小さなすき間をつくる。

11 — セニングシザーズを毛先が5ミリ程度の深さに入れ、軽くトリミングしラインをぼかす。

10 — ほお骨の一番高い位置からエラまでが包み込まれるように、骨格の傾斜に沿ってアール状にカット。

9 — サイドバングは張り出した骨格が隠れるように、厚めに分けとる。

"顔に似合う"フォルムで顔まわりのフィット感がアップ

After — あごの横に厚みを出した重心低めのラウンド状のフォルムに変えたことで、顔まわりの変化も違和感なくなじんだ。

Before — Beforeは直線的なIラインシルエットで、顔まわりの長さ、厚みもふぞろいで小顔バランスのとれていない状態。

ミックス型にショートバングを似合わせるには？
→ウエイト位置とメインバングのコンビネーションで攻略

ミックス型の場合、お客さま本人がどちらの特徴をより強く気にしているかも、デザインを決める重要な要素です。要望を叶えながら、顔型に関する悩みも同時に解決しましょう。

Case 2

[**Before**]

現在のヘアスタイル
前髪は目にかかる長さで、肩下40センチのロング。長めのレングスと眉下の前髪で、顔が長く丸みがあるように見える。

髪質
硬さ／ふつう
毛量／ふつう　太さ／細い
クセ／特になし

[**Planning**]
〜似合わせのポイント〜

叶えるべきデザイン
オーダーは"ショートバング"だが、額を出すと顔が長く見える。また、ふっくらとしたほおが気になっているとのこと。

「顔型」に似合うデザイン
顔が上下に長い「面長」と、ほおの丸みが特徴的な「丸顔」のミックス型。額を見せない前髪で、顔の長さと丸みをカバーしたいけれど…。

↓

今回、提案するデザイン
メインバングのセンターを眉上の長さに切ってショートバング感を出し、片側に浅めのすき間を加えて肌面積を調整する。また、顔上部の横幅が狭いため、サイドバングはつくらず、顔まわりのレイヤーでほおの丸みをカバー。

"ショートバング"のオーダーには、眉頭を出した前髪で短い印象を引き出す。また、フォルムのウエイトは現状より上げてバランスを調整。

[**Point Process**]

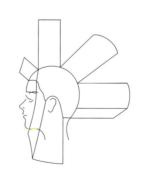

フォルム

Point 1
顔まわりのレイヤーでほおの丸みを緩和する

2 トップからパネルをとり、あご下に落ちる長さでカットし、レイヤーのガイドをつくる。

1 バックは毛先10センチをブラントカット。ゆるやかなラウンドラインに切って、厚みをそろえる。

6 サイドとバックをつなげる。パネルの角をとって、シルエットになめらかさを出す。

5 サイドはあごラインから下に段を入れて、顔まわりに動きを出す。1パネル目は45度より上げ気味に切り、徐々に角度を下げる。

4 ミドル〜アンダーも同様に毛先を丸く切り、すきにかけてふんわり広がるシルエットに。

3 オーバー〜ミドルはトップをガイドに、放射状にパネルをとってレイヤーを入れる。毛先は扇状に開いて丸く切る。

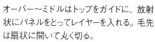

[**Point Process**]

顔まわり

Point 2
眉頭をのぞかせて
ショートバング感を強調

メインバング

7
メインバングは両目尻幅よりやや広めにとって、顔の細さをカバーする。

8
バングセンターは眉上の長さに切る。

9
サイドに向かって徐々にラウンドさせていく。

10
メインバングの切り上がり。両眉頭が自然に見えるように、額中央からなだらかなカーブを描くラウンドラインに切った。

11
分け目からやや右寄りに、セニングで浅めのすき間をつくって流れやすくする。

12
毛先にセニングシザーズを入れて、ラインを軽くぼかす。

顔の長さと丸みを同時にカバー
進化系ティアドロップシルエット

After

Before

ウエイトを感じさせないシルエットや前髪の影響で、顔型が上下に長く伸びて見えたBefore。

通常、面長は顔の中間にウエイトを置くが、今回はほおの丸みをカバーするため、ほおの真横を避けてあご付近にし、顔まわりに入れたレイヤーであご下に丸みを出した。

Finish
「ベース型にフルバング」の仕上がり

Zoom Up!

逆三角形にラウンドフルバングを似合わせるには？
→ 厚めサイドバングで顔の横幅をコントロール

"ラウンドフルバング"はフルバングの中でも、キュートな印象になりやすいデザイン。
顔上部の横幅が広い逆三角形には、顔型に合わせた幅&角度の設定がポイントです。

Case 3

[Before]

現在のヘアスタイル
肩下15センチのミディアムレイヤー。猫っ毛でボリュームの出にくい髪質に加え、長さが伸びてトップもつぶれ、ペタンとしている。

髪質
硬さ／軟らかい
毛量／少ない　太さ／細い
クセ／特になし

[Planning]
～似合わせのポイント～

"ラウンドフルバング"のフィット感を高めるため、今回のフォルムはあご付近にウエイトを置いたティアドロップシルエットにチェンジ。

叶えるべきデザイン
お客さまのオーダーは"ラウンドフルバング"。額を隠すフルバング系デザインは、顔の横幅が広い逆三角形には難しい!?

「顔型」に似合うデザイン
顔の上下で、横幅と輪郭に大きな差がある逆三角形。浅めのすき間を加えたM字バングをおすすめしたいけれど……。

今回、提案するデザイン
前髪をメインバング、サイドバングに分けて、顔の横幅&輪郭に対応させる。メインバングを狭く、サイドバングは厚め短めにし、顔上部を細く見せながら、あご先も同時にカバーする。さらに浅めのすき間を加えて肌面積を調整する。

[Point Process]

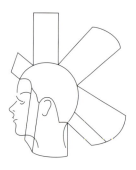

フォルム

Point 1
ウエイト位置は
あご下に設定する

2 バックのアウトラインが完成。

1 バックは厚みを残したゆるやかなラウンドラインに切る。中央からサイドに向かって、毛先3センチをブラントカット。

6 そのままバックへとつなげる。逆サイドも5、6同様にカット。

5 フェイスラインは、イヤーツーイヤーパートから45度前にパネルを引いてアール状にカット。あご先にボリュームを出し、シャープな輪郭をカバーする。

4 トップをガイドにレイヤーをつなげる。パネルの毛先は扇状に開いて丸く切り、サイドまで放射状に切り進める。

3 オーバー～アンダーまでレイヤーを入れる。トップを真上に引き出し、あご下に届く長さに切ってガイドをつくる。

[Point Process]

顔まわり

Point 2
幅・ラインを調整し
顔の横幅を狭く見せる

メインバング

7
メインバングは幅を狭く、両目尻幅よりもやや内側にとる。奥行きはやや深めにブロッキング。

8
センターは自然に落ちる位置で、目にかかる長さにブラントカット。毛束を少量ずつ分けとり、ゆるやかなラウンドラインに切る。

サイドバング

9
顔の上半分をスリムに見せるため、サイドバングは厚めにとる。

10
ほお骨下に届く長さを目安に切り、アール状にカット。

11
サイドバングの切り上がり。幅を厚めにとり、アール状にカットしたことで、顔の横幅が目立たなくなった。

12
メインバングは、セニングで毛先を軽くなじませた後、浅めのすき間をつくる。

顔の横幅が広い顔型には"すき間"が効果を発揮

すき間なし

すき間あり

額を隠すフルバング系デザインは、顔の横幅が強調されやすい。そのため、顔型の特徴に応じてすき間を加え、見える肌面積を調整する。今回はあごが細いので浅めに入れる。

面長に長めの前髪を似合わせるには?
→ 似合わせの鍵は、顔まわりのレイヤーとサイドパート

「前髪はつくってみたいけど、いきなり短くするのはちょっと……」という面長のお客さま。
長さはあまり変えずに、顔まわりのレイヤー&パートの位置で縦長の印象をやわらげます。

Case 4

[Before]

現在のヘアスタイル
毛先にやや段の入ったロング。フェイスラインは首につく程度の長さ。分け目はややセンター寄りにすることが多い。

髪質
硬さ／硬い
毛量／多い　太さ／太い
クセ／クセのない直毛

[Planning]
〜似合わせのポイント〜

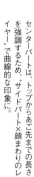
センターパートは、トップからあご先までの長さを強調するため、"サイドパート×顔まわりのレイヤー"で曲線的な印象に。

叶えるべきデザイン
前髪をつくりたい気持ちはあるが、長さはあまり切りたくないと話すお客さま。額を隠さないデザインで、顔の長さをどうカバーする!?

「顔型」に似合うデザイン
顔型は上下に長く、ほっそりとした面長なので、前髪で額をすべて隠したフルバング系デザインを提案し、縦の見える肌面積を減らしたいけれど…。

今回、提案するデザイン
ポイントは、フォルムのウエイト位置と顔まわりのレイヤー。ウエイトはレングスの中間に置いて、分け目もサイドパートに変更。顔まわりの毛流れが額の丸みに沿って自然なカーブを描くので、縦長×直線の印象がやわらぐ。

[Point Process]

フォルム

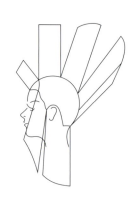

Point 1
ウエイト位置を上げて縦長感をやわらげる

2
毛先がふぞろいで薄いBeforeから、厚みのあるゆるやかなV字ラインになった。

1
肩前に厚みを出したいので、アウトラインをややV字状に切る。バックセンターが一番長くなるよう前上がりにブラントカット。

6
フォルムカット終了。顔まわりにウエイトのあるシルエットで、縦長の印象がやわらいで見える。

5
フェイスラインは、前髪用に毛束を残しく、あご下5センチからアール状にレイヤーカットし、バックにつなげる。

4
トップをガイドに、オーバーからアンダーまで、毛先を扇状に開いて丸くつなげる。パネルをゆるめて下の毛を逃がすように切り、すそまわりに厚みを残す。

3
レイヤーカット。後方への毛流れをつけることを想定し、トップはやや長めに、あご下の長さに切る。

[**Point Process**]

顔まわり

Point 2
パート位置をずらし
あご下に視線を集める

メインバング

8　ヘビーサイドの第1線は自然に落ちる位置で、リップラインの長さに切ってガイドにする。

7　メインバングをワイドにとるため、サイドバングはつくらない。分け目を顔の中心から左にずらし、左→右に流れる前髪をつくる。

12　毛束を内側にひねり、クロスオーバーカット。前髪が長い場合は毛先を整えると、流したときになめらかな面を描くようになる。

11　毛先にセニングを入れて、ラインを軽くぼかす。

10　ライトサイドも9と同様にカット。

9　流したい方向とは逆にパネルを引き出し、ガイドに合わせてラインをつなげる。

"クロスオーバーカット"で
フォルムも前髪も美しく

ラインの凹凸を取り除き、フォルムにやわらかさを出す"クロスオーバーカット"は、長めの前髪にも応用可能。毛先がなめらかになり、巻いても流してもきれいな仕上がりに。

Finish

「面長に長めの前髪」の仕上がり

Zoom Up!

まとめ

第5章はこれまで学んできたことを生かして、
似合わせの難しいオーダーにどう対応するかを学びました。
大切なのは、お客さまが一番叶えたいと思っている、
"絶対にはずせないポイント"をつかむこと。
それを土台に顔型に似合う落としどころを探っていけば、
「要望」と「小顔」を兼ね備えた
理想のデザインが実現できます。

最終回は、エイジングサインが顔に出やすい大人客を、小顔カットで若々しく変身させます

第5章

さらに役立つ！ 小顔カットミニ講座

顔型への似合わせが難しいオーダーを出されたお客さまに対し、適切な対応は下記のうちどれでしょうか？

A 顔型に似合わない理由をはっきり伝えて、別のデザインを提案する

B 顔型への似合わせを無視して、要望通りにカットする

C 要望ではずせないポイントを軸に、顔型に似合わせる

模範解答

答えは、(C)要望ではずせないポイントを軸に、顔型に似合わせる、です。どんなに顔型に似合っていても、お客さまの要望を無視した仕上がりでは意味がありません。絶対にはずせないポイントは必ずおさえて首尾よくプランニングしましょう。

URESTA! 人気スタイリストへの近道シリーズ **17**

売れる！使える！
小顔カット徹底講座

――― 第6章 ―――

大人客向け小顔カット活用術

本書では"顔"を起点に、小顔デザインの設計方法を学んできました。
最終章のテーマは、大人の女性へのエイジング対応術です。
顔や髪に現れる年齢的な「変化」を、フォルムと顔まわりでどうカバーするか。
大人ならではの小顔デザインを掘り下げていきましょう。

CONTENTS

第1章　小顔カットの基礎知識&カウンセリング術	第4章　ミックス型への似合わせ
第2章　小顔カットの基本①／フォルム	第5章　"なりたい"を叶える似合わせ術
第3章　小顔カットの基本②／顔まわり&ディテール	第6章　**大人客向け小顔カット活用術**

"顔=フロントビュー"で年齢的な「変化」を意識する

年齢を重ねていくと、誰もが顔立ちに多少の変化を感じます。毎日目にするフロントビューだからこそ、その変化を小顔カットで上手にカバーしたいもの。まずは、大人世代特有の「変化」について理解を深めましょう。

顔に関するチェックポイント

小顔に見せるヘアデザインを考える際、1人ひとり異なる加齢による変化を、しっかり把握しておくことが大切です。顔に関してチェックするべきポイントは、下記の3点。

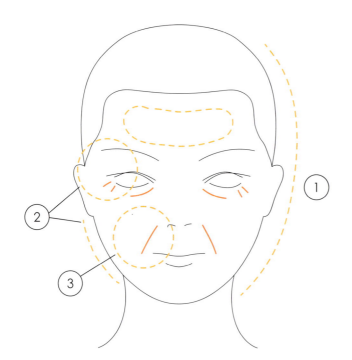

1 シワ、シミやくすみが出てくる
額や目もと、口もと、ほおなどにシワ、シミが現れ、顔全体の"影"が多くなる。顔型のタイプや年齢に関わらず、大人の女性の多くが抱えるエイジングに関する代表的な悩み。

2 骨格の凹凸が目立つようになる
顔の肉づきが薄くなり、ほお骨やエラなど、骨格が目立つようになる。特に張り出した骨格が特徴的な「ベース型」や「逆三角形」のタイプは、そうした変化への対策も必要になる。

3 皮ふがたるんで"下がった"印象になる
顔の筋力が低下して皮ふがたるむため、目もとやほお周辺が若い頃よりも下がって見えるようになる。特に、顔の横幅が広い「丸顔」や「ベース型」は、下ぶくれ感が強くなる。

世代別で見るエイジングの特徴

上記のような変化は、一般的に30代後半で兆候を自覚し、40代ではよりいっそう明確な悩みへと変わります。変化の過程を見極めて、ヘアデザインでカバーしていきましょう。

40代前半
40代を迎えると、30代後半で自覚した変化が、より顕著かつ広範囲に出現。美容師には、若づくりではない若々しい印象に導く、「見た目年齢のコントロール」が求められる。

→ Model 3／40代前半の実例はP.96

30代後半
30代後半になると、シミやシワ、加齢による髪のクセなど、顔や髪の変化を自覚するようになる。お客さまが口にしなくても、こうした変化をヘアデザインでカバーする必要性が高まる。

→ Model 2／30代前半の実例はP.92

30代前半
30代前半は、加齢による変化はあまり強く出ていない。本人の意識も20代後半とさほど変わりないが、人によってはエイジングを自覚し悩んでいる場合もある。ケースバイケースで、対応が必要。

→ Model 1／30代前半の実例はP.88

大人の女性に対するアプローチとは？
フォルム&顔まわりの3大鉄則

「以前と同じ髪型なのに、何だかしっくりこない」——
お客さまが抱く違和感の原因は、加齢による変化をヘアデザインでカバーできていないから。
そこで、小顔の印象に導きながら若々しく見せる3つの鉄則を紹介します。

第2章のおさらい
見た目年齢はウエイト位置で変わる

ウエイト高 → 若々しく華やかな印象

ウエイト低 → 落ち着いて大人っぽい

第2章フォルム編で学んだように、レングスが同じでも、ウエイトの高さによって、見た目年齢の印象は大きく変わる。

鉄則1
ウエイト位置は明確に

髪のハリ・コシ不足や毛量の減少、顔のたるみなどの影響で、フォルムのウエイト位置がぼやけて、下がって見えやすい大人世代。お客さまの要望と小顔カットのセオリーをふまえて、ウエイト位置ははっきり打ち出す。

鉄則3
サイドバングで徹底カバー

小顔カットにおいて、特に大人世代に効果を発揮するのが「サイドバング」。最後の詰めとして、メインバングではカバーしづらい目尻〜フェイスラインの凹凸など、顔の外側部分を目立たないように隠すことができる。

鉄則2
前髪で若々しく見せる

エイジング対策で優先事項のひとつが、額や目もとのシワ、くぼみなど、顔の上半分に現れる加齢変化をカバーすること。額をおおい隠すフルバングや流し前髪など、前髪をつくって額の見える肌面積を減らし、若々しく見せる。

Model 1
30代前半
×
丸顔

ウエイト位置とサイドバングで
大人の小顔デザインにチェンジ

ふっくらとしたほおの丸みが特徴的な「丸顔」。
エイジングの悩みや対策をあまり必要としていない30代前半には、大人仕様の第一歩として、
ウエイト位置とサイドバングをアレンジした"－5歳の小顔デザイン"が効果的です。

【 Before 】

顔型分析
ほおがふっくらとして、全体的に丸みを帯びた「丸顔」。

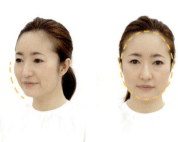

髪質
硬さ／硬い
毛量／多い
太さ／太い
クセ／全体的にうねって前髪が割れやすい。

現在のヘアスタイル
前上がりラインのミディアムレイヤー。レングスが鎖骨に届く長さまで伸びてハネやすく、ほおの横にボリュームが出ている状態。

【 エイジングの現状分析 】

check
・フロントの生え際にクセが強く出ている。

check
・目もとや下まぶたにシワが出てきている。
・ほおがややたるみ始めている。

check
・内側がうねってミドルにボリュームが出る。

【 Planning 】
～「30代前半×丸顔」の小顔プランニング～

大人向けの小顔デザインは、顔型の特徴をふまえたウエイト位置の調整がポイントです

Point 2
厚めのサイドバングで大人仕様の斜め前髪

今回はメインバングを狭くとり、斜めに流した前髪で、「丸顔」から縦長の印象を引き出す。サイドバングは厚めで、目もとのシワやほおが隠れるようにカットする。割れやすい前髪はパネルの引き出し方を工夫して対応。

Point 1
くびれをなじませてウエイトはあご下に

Beforeでは、ほおの横にボリュームが出て、首に沿ってくびれているため、顔の丸みがさらに目立っている状態。ウエイト位置はほおの真横を避けてあご下に置き、くびれをなじませたティアドロップシルエットを提案。

88

[**Point Process**]

フォルムを切る

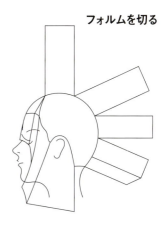

1

バックのレングスは、髪が自然に落ちる位置でブラントカット。

2

逆サイドも1と同様にカット。サイドに向かって、なだらかにつなげる。

3

トップの前上がりラインと、ミドル〜アンダーをつなげる。正中線から床と平行にパネルを引き出してブラントで切る。

4

3をガイドに、縦スライスで頭の丸みに合わせてサイドまで放射状に切り進める。

5

逆サイドも4と同様にカット。

大人の鉄則1／ウエイト

6

あご下にウエイトがくるように、顔まわりにレイヤーを入れる。耳後ろから前方にパネルを引き出す。

7

サイドの前上がりラインとつなげてブラントカット。引き出すパネルを上げてレイヤーを入れると、毛先が軽くなってしまうので注意。

8

6の切り上がり。段差幅をゆるやかにしてくびれをやわらげる。

9

サイドとバックをつなげる。パネルの毛先を扇状に開いて、切り口が弧を描くようにカットする。

10

9の切り上がり。切り口を丸くすることで、すそまわりのフォルムに丸みが出る。

11

逆側も9と同様にカット。

[**Point Process**]

顔まわりを切る

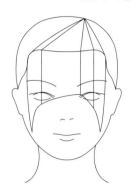

大人の鉄則2／前髪

13 / 12

13　2線目以降もパネルを引き出す角度は12と同様、髪が落ちる位置でカットし、中央からの斜めラインにつなげる。逆側も同様にカット。

12　メインバングは幅を狭くとる。割れやすいクセを生かして、中央のパネルは髪が自然に落ちる位置で切る。

大人の鉄則3／サイドバング

16　サイドバングの切り上がり。やや長め&斜めのメインバングからアール状にラインをつなげていった。

15　メインバングの延長線上で、アール状にカットし、ほおの見える肌面積を減らす。

14　顔の横幅を細く見せるため、サイドバングは厚めにとる。

19　メインバングの毛先1.5センチに刃先を入れて、前髪のアウトラインと平行に削ぐ。

18　ふくらみやすいハチ上は、根元からルーツセニングを入れる。

17　セニングで毛量調整。内側のハチ下はパネルを細くとって、セニングで中間〜毛先をグラ状に削ぎ、サイドのふくらむ丸みを解消する。

21　カット終了。

20　ライトサイドも19同様に削ぐ。毛先のブラント感をとってなじませることで、顔まわりのフィット感を高める。

Finish

Zoom Up!

After   Before

Model 2
30代後半
×
ベース型

エイジングによる変化を隠す大人のためのM字バング

30代後半は、シミやシワといったエイジングによる変化を自覚し始める時期。加齢の影響でほおがたるみ、エラ付近の骨格が目立つようになる「ベース型」には、大人対応のM字バングで悩みをすっきり解決します。

[Before]

顔型分析
ハチやエラが横に張り出して、あご先は細い「ベース型」。

ベース型

髪質
硬さ／硬い　毛量／多い
太さ／太い
クセ／もともとクセのある髪質に、加齢の影響でうねりやすくなった。

現在のヘアスタイル
肩下40センチのロングレイヤー。髪が伸びて、ウエイト位置がはっきりしないIシルエットに。前髪は目が隠れる長さ。

[エイジングの現状分析]

・目のまわりや口もとにシワが出ている。
・ほおがたるんで、下ぶくれに見えている。

check

check
・ハリコシがなく、トップがつぶれやすい。

check
・ダメージと加齢の影響で、毛先が細くなりパサついている。

[Planning]

〜「30代後半×ベース型」の小顔プランニング〜

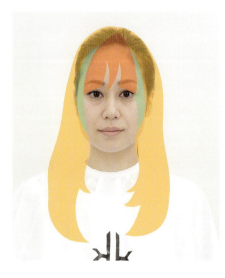

メインバングのすき間を大きくするのは、額の見える面積が増えてNGです

Point 2
M字のすき間は幅狭サイドバングは厚めに

ベース型の定番"M字バング"をアレンジし、顔型の特徴であるエラ張りと、顔上部のシワやシミなどを同時にカバーする。また、たるみや骨格が目立つほお周辺は、厚めにとったサイドバングでさりげなく隠す。

Point 1
ウエイト位置はあご下〜毛先の中間に

「ベース型」は重心低めのフォルムで、ハチ付近のボリュームをカバーするのが鉄則。今回は、毛先に厚みを残したロング版"ティアドロップシルエット"で、現状よりもウエイト位置をはっきり打ち出しメリハリをつける。

[**Point Process**]

フォルムを切る

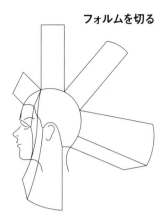

2 バックのアウトラインが完成。BeforeのV字から、ゆるやかなラウンド状に変化した。

1 毛先が薄いため、バックを5センチ切って厚みを出す。バックセンター、サイドの順で切り進める。

5 サイドまで放射状にパネルを引き出し、丸い切り口でレイヤーをつなげる。

4 オーバーにレイヤーを入れる。3をガイドに、正中線状に縦スライスでパネルを引き出し、毛先を扇状に開いてブラントカット。

3 トップを真上に引き出し、あご下に落ちる長さでカット。レイヤーのガイドをつくる。

ミドル　オーバー

レイヤーを入れる際、オーバーは丸く、ミドルはすそまわりの厚みに自然につながるように切る。

Zoom Up!

6 ミドルは、パネル下辺の髪を逃がし気味に切って、できるだけ毛先に重さを残す。

大人の鉄則1／ウエイト

9 サイドとバックをつなげて、フォルムカット終了。

8 前方にパネルを引き出し、レイヤーカット。耳上とトップポイントを結ぶイヤーツーイヤーまで同様に切る。

7 フェイスラインにレイヤーを入れる。重心低めのシルエットは維持しつつ、あご下〜毛先の中間にウエイトをつくる。

[**Point Process**]

顔まわりを切る

【 大人の鉄則2／前髪 】

10
メインバングは幅を狭くとって、顔上部の横幅を狭く見せる。また、トップにボリュームを出すため、奥行きは深めにとる。

11
レングスは目にかかる長さに。やや長さを残して、額や目もとのシワが隠れるようにする。

12
11をガイドに、2線目からは流したい方向と逆にパネルを引き出し、斜めに切り進める。

13
端のパネルも中央に寄せて、11〜12で切ったラインにつなげて斜めに切る。

14
目もとのシワやくすみを隠すため、中央からサイドにかけて、長め＆斜めに切った。

【 大人の鉄則3／サイドバング 】

15
サイドバングはエラが隠れるように厚めにとり、骨格に沿ってアール状にカット。

16
逆側も15と同様にカットして、メインバングとつなげる。

17
メインバング、サイドバングの切り上がり。全体的にやや長め、内側のラウンドを強くした大人仕様に。

18
表面はセニングで毛先1/3のみを削いで、軽く動きをつける。

19
前髪はメインバングの毛先をセニングでなじませ、ライン感をやわらげる。

20
前髪の左右各1ヵ所にすき間をつくり、縦・横の肌面積を調整。すき間は細長くして、額があまり出ないようにする。

Finish

After

Before

Zoom Up!

Model 3
40代前半
×
面長

エイジングの影響が増す40代は
フルバングで悩みを徹底カバー

40代になると、30代後半で自覚し始めた加齢による変化が
もっと顕著になります。「面長」で、生え際のボリュームダウンや目もとのくぼみに悩む
大人の女性には、ほどよい厚みのフルバングが有効です。

【 Before 】

顔型分析
顔が上下に長い「面長」。
ほおのたるみによって、
"下がった"印象に。

面長

髪質
硬さ／ふつう
毛量／ふつう
太さ／細い
クセ／直毛だが、生え際に
加齢によるクセがある。

現在のヘアスタイル
毛先が鎖骨に届く長さで、前上がり
のミディアムボブ。サイドのフォルム
に厚みがないため、顔の長さが目立
つ。前髪は薄く、額が透けている。

【 エイジングの現状分析 】

check
・上まぶたの筋力低下が影響し、
　目もとがくぼんで見える。
・下まぶたのクマが濃くなり、シワが深い。

check
・前髪が薄くなり、額が透けて見える。

check
・生え際にうねるようなクセが出ている。

【 Planning 】

～「40代前半×面長」の小顔プランニング～

基本的に、メインバングのみでつくる「面長」向けフルバング。大人世代には、サイドバングを加えるのがポイントです

Point 2
**サイドバングありの
大人向けフルバング**

まっすぐ下ろしたやや長めのフ
ルバングで額を隠し、顔の長さを
緩和。また、前髪の厚みが不足
しているため、メインバングは奥
行きを深めにとる。さらに、サイド
バングをつくって、気になる目も
とをカバーする。

Point 1
**視線を引き上げる
ひし形シルエット**

顔の細さと長さが特徴的な「面長」
は、シルエットの中間＝ほおの横に
ウエイトを置いて、縦長の印象をや
わらげると良い。40代になると、
"下がった"印象が増すため、顔まわ
りにボリュームを出したひし形シル
エットを提案し、小顔に導く。

[**Point Process**]

フォルムを切る

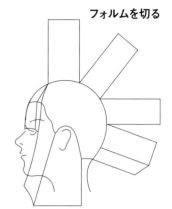

2

ブラントカットで毛先の厚みをそろえる。アウトラインは自然なラウンド状に。

1

バックのアウトラインを切る。Beforeは毛先がふぞろいで、ところどころ薄くなっている状態。

3

レイヤーのガイドをつくる。トップにふんわりとしたボリュームを出すため、ほおの高さよりも少し下に落ちる長さでカット。

4

オーバーに縦スライスからパネルをとり、3のガイドとつなげるようにレイヤーを入れる。

5

放射状にパネルをとって、サイドまで切り進める。

6

ミドル〜アンダーにグラデーションを入れる。まずは正中線沿いに、床と平行にパネルを引き出して、ブラントカットで上とつなげる。

7

続けて同じパネルをリフトアップして再度切り、ほおの高さにつくるウエイトポイントが強調されるように調整。

大人の鉄則1／ウエイト

上のレイヤーと下のグラデーションとのコーナーは残す。

8

サイドはパネルを前方に引き出し、レングスをガイドにあご下からレイヤーを入れる。

9

イヤーツーイヤーまで8と同様にカット。

10

逆サイドも8、9を繰り返してフォルムカット終了。

[**Point Process**]

顔まわりを切る

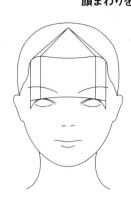

大人の鉄則2／前髪

11 メインバングとサイドバングで構成された、大人向けフルバングをつくる。メインバングの幅は広め、奥行きは深めにとって、横長感を強調し、前髪に厚みを出す。

12 メインバング中央のパネルを引き出し、上まぶたが隠れる長さで水平に切る。

13 2線目以降は、サイドに向かって徐々に斜めに切る。

14 端のパネルはさらに斜めに切って、自然なラウンド状に。

15 メインバングの切り上がり。目もとの加齢による変化を隠すことができた。

大人の鉄則3／サイドバング

16 サイドバングは約1センチ幅で薄めにとり、目尻〜こめかみ付近のくぼみやシワをカバーする。

17 サイドバングは、骨格の傾斜に合わせて切り口をカーブさせながらカット。

18 逆側も16と同様にカット。サイドバングを加えたフルバングが、顔の長さや目もと付近のくぼみ、シワをカバー。

19 髪が細いので、全体的に毛先のみグラデーション状に間引く。

20 前髪はライン感が強いと顔になじみにくいため、毛先を軽く削いでぼかす。

Finish

After   Before

Zoom Up!

まとめ

6章にわたってお送りしてきた「小顔カット講座」も、今回が最終回。前半3章は4つの顔型を基本とした小顔カットのセオリーを、後半はミックス型や大人世代への対応法など、サロンワークにありがちなケースを重点的に学んできました。これからも、"カットによる顔型補整術"を活用し、お客さまに喜ばれるヘアデザインを提案しましょう！

最後まで読んでいただき、ありがとうございます！
小顔カットで、目指せ売れっ子スタイリスト！

第6章

さらに役立つ！ 小顔カットミニ講座

エイジングによる変化を"自覚"し始める年代は、下記の内どれが正しいでしょうか？

Ⓐ 30代前半　Ⓑ 30代後半　Ⓒ 40代以降

解答解説

生理的な変化は徐々に進みますが、個人差はあるものの、一般的に30代後半で衰えを自覚すると言われています。よって、答えは「（B）30代後半」です。大人の女性にも効果を発揮する「小顔カット」で、若々しい印象を引き出しましょう。

EPILOGUE

僕がサロンワークで常に心がけているのは、次の2点です。それは「お客さまの期待や要望に応えること」と、「もっと小顔に、かわいらしく見せること」。実際にヘアデザインを決める際には、まず①お客さま本人の希望やなりたい女性像などをカウンセリングで絞り込み、これをベースに、②顔型や目鼻立ちをより良く引き立たせる"小顔デザイン"へと落とし込んでいきます。①は美容師ならば誰もが必ず行なう、通常のステップ。②の「小顔カット」を駆使できるかどうかで、サロンワークの結果に差が出ます。本書で解説したように、「小顔カット」のメリットや可能性は無限に広がっています。最良のヘアデザインまでのゴールが明確になり、どんな顔型、年齢のお客さまでも迷わず、自信を持って対応できるようになる。本書が、お客さま支持の高い美容師を目指して頑張る、あなたの助けとなることを願っています。

塚本 繁 [K-two]

HAIR MODE URESTA! 人気スタイリストへの近道シリーズ

人気スタイリストたちの「売れる」サロンテクニックを大公開

---

vol.04 ゾーンカット編

お客さまの悩みをよみとり対応するための「考える力」を養い、ゾーンによる削ぎのカットテクニックを習得することで、お客さまが抱える髪のコンプレックスを解消できます。

ゾーンで考える
削ぎのカットテクニック
西田 斉[Bond 待庵]
本体2,500円＋税

vol.03 まとめ髪編

お客さま1人ひとりで異なる顔骨格の診断方法から、それをまとめ髪のフォルムづくりに落とし込むまでを徹底網羅。顔骨格からのデザイン発想が確実な似合わせを実現します。

顔骨格から考える
まとめ髪のフォルムプランニング
大川雅之[TAYA]
本体2,500円＋税

vol.02 ヘアカラー編

テクニック、薬剤、お客さまからの要望など、複雑になりすぎたヘアカラーをMINX長崎氏がわかりやすく解説。お客さまの心をつかむ、成功するヘアカラーのツボを大公開します。

「どうして？」を考えよう
成功するヘアカラー
長崎英広[MINX]
本体2,500円＋税

vol.01 ベーシックカット編

8つのベーシックスタイルをマスターし、それを組み合わせることでデザインを構築する。スタイルを「型」と「形」で考えることにより、あなたのヘアデザインが劇的に変わります。

「型」と「形」で考えよう
売れるカットの絶対ベーシック
福井達真[PEEK-A-BOO]
本体2,500円＋税

---

vol.08 サロンワーク編

スキルを確実に届ける「営業力」が身につけば、売上50万円アップは決して夢ではありません！平田 理氏がサロンワークで実践している、お客さまの心をつかむ工夫の数々を一挙大公開！「営業力」がしっかり身につきます。

リノベーションで考えよう
50万円アップを叶える技術と営業力
平田 理[J's]
本体2,500円＋税

vol.07 トータルバランス編

ヘアとメイクはファッションに影響されて成り立っているもの。ヘア・メイク・ファッションの"美バランス"を学ぶことで、お客さまの魅力を最大限に引き出すトータルコーディネイト力を養成します。

マトリックスで考える
売れる美バランス
朝日光輝[air]
本体2,500円＋税

vol.06 スタイリング編

売れるスタイリストの秘訣、それはスタイリング上手であること。詳細なアイロンテクニックを中心に、もっとかわいく、もっと美しく仕上げることで、お客さまの心をつかみ再来店へと導きます。

アイロンでもっとかわいいをつくる
売れるスタイリング術
宮村浩気[Xel-Ha]
本体2,500円＋税

vol.05 パーマ編

「パーマは苦手かも……」というあなたに朗報！パーマプロセスを整理して考え、段取りやコツを押さえるだけで、デザインの幅が広がるパーマが身につき"苦手"が"得意"に変わります。

パーマ脳を鍛えよう！
苦手じゃなくなるプロセス整理術
小林知弘[kakimoto arms]
本体2,500円＋税

---

vol.12 スライス編

スライスの取り方にスポットをあて、美しく効率的なスタイルづくりを解説します。基礎から応用まで、全18スタイルを徹底解説。「ただいまカット勉強中」のあなたも、「カットは得意だけれども、もう一皮むけたい！」あなたも。

正確なフォルムコントロールのための
スライス徹底マスター
古城 隆[DADA CuBiC]
本体2,500円＋税

vol.11 レザーカット編

「速い」「やわらかく切れる」と、近ごろますます注目を集めるレザーカット。ハサミとの違い、レザーの基本的な使い方といった基礎から、素材に応じた対応法までを、10年以上愛用している三好氏がわかりやすくレクチャー。

サロンワークでホントに使える
特効！レザーカット講座
三好真二[LILI]
本体2,500円＋税

vol.10 アレンジ編

求めるイメージへ導くバランス感覚や、絶妙なくずし加減など、いまどきのアレンジテクニックが満載。技術解説に加え、お客さまの好みやTPOに合ったデザインを提供するためのカウンセリング法まで、徹底解説。

女の子の心をつかむ
ハッピー☆アレンジ
CHIE・CHII[ANTI]
本体2,500円＋税

vol.09 ヘアカラー編

vol.02の「成功するヘアカラー」で学んだことをベースに、よりサロンワークにフォーカスした内容でお届け。シングルカラーとホイルワークに的をしぼって、成功するヘアカラーの秘訣を徹底紹介。

時間とプロセスをコントロール
続・成功するヘアカラー
長崎英広[MINX]
本体2,500円＋税

---

vol.16 グレイカラー編

白髪に悩む女性の6割近くがホームカラーのみ、もしくはサロンカラーと併用しています。この1冊では「ホームカラー併用を前提としたサロンカラー」を提唱する新発想のグレイカラーテクニックを学べます。

ホームカラー併用のための
新発想グレイカラーレッスン
岩上晴美[kakimoto arms]
本体2,500円＋税

vol.15 ストレートパーマ編

ストパーは真っ直ぐにするだけでなく、クセをコントロールし質感を整える、パーマと組み合せるなど、今やスタイル作りに欠かせない技術。最新知識と技術を学び、トレンドスタイルに活用できます。

スタイルづくりの武器になる
ストレートパーマ完全攻略法
福島康介[mazele HAIR]
本体2,500円＋税

vol.14 ベーシックカット実践編

ウイッグで習ったことを人頭で実践したときの微妙なずれや失敗。その原因を解き明かし、解決に導くカット本です。ベーシックでありながら、徹底的に人頭対応で、カットのコツやテクニックが満載です。

サロンで使えるベーシック
カットの失敗まるっと解決
福井達真[PEEK-A-BOO]
本体2,500円＋税

vol.13 毛髪科学編

お客さまへのカウンセリングやアドバイスを想定した内容で、挿絵イラストつきで読みやすい誌面構成になっています。読んだその日から、"サロンワークで使える"薬剤や毛髪構造の基本知識が身につきます。

サロンワーク発想だからわかる！
きほんの毛髪科学
ルベル／タカラベルモント㈱
本体2,500円＋税

特訓編

知識ゼロでも、やさしく読んでどんどん上達できる振袖着付のテキスト。きものに親しみ、作業の意味を知ることで、着付技術は身につくもの。これ一冊で成人式の振袖着付の技術が完全にマスターできます。

ゼロからはじめる
成人式の振袖着付
荘司礼子[国際文化理容美容専門学校渋谷校・校長]
本体1,200円＋税

BASIC OF BASIC series
ベーシック・オブ・ベーシックシリーズ

すぐに学べてずっと使える、1ブック×1テクニックの基礎講座

すぐに学べてずっと使える、ベーシックテキストの決定版がついに誕生！vol.01はワンレングスがテーマ。「カットの基礎知識」、「水平ボブ」、「前下がりボブ」を徹底的にマスターできます。

vol.01 カット〈ワンレングス〉
技術解説／舞床 仁・飯田健太郎
[PEEK-A-BOO]
本体952円＋税

vol.02はグラデーション（前下がり）を徹底指導。「前下がりローグラデーションボブ」、「グラデーションボブ」、「前下がりショート」を集中レッスン。初心者の練習にも、上級者の復習にも。

vol.02 カット〈グラデーション〈前下がり〉〉
技術解説／舞床 仁・飯田健太郎
[PEEK-A-BOO]
本体952円＋税

vol.03はグラデーション（前上がり）をテーマに、「ロングレイヤー」、「イサドラ」、「マッシュショート」の完全マスターを目指します。グラデーションの苦手意識が克服できる充実の内容です。

vol.03 カット〈グラデーション〈前上がり〉〉
技術解説／舞床 仁・飯田健太郎
[PEEK-A-BOO]
本体952円＋税

vol.04では、レイヤーを徹底的に学んでいただきます。「ショートレイヤー」、「ミディアムレイヤー」、「前下がりレイヤー」といった基本となるデザインの要点を再確認し、基礎をしっかり見直しましょう。

vol.04 カット〈レイヤー〉
技術解説／舞床 仁・飯田健太郎
[PEEK-A-BOO]
本体952円＋税

vol.05は、これまで学んできたワンレングス、グラデーション、レイヤーの技術を組み合わせてつくる「ミックススタイル」について学びます。スタイルバリエーションの広げ方が身につきます。

vol.05 カット〈ミックススタイル〉
技術解説／舞床 仁・飯田健太郎
[PEEK-A-BOO]
本体952円＋税

vol.06からはパーマ編がスタート。「ひとつのカットベースからJカールとWウエーブのパーマデザインをつくる」をコンセプトに、vol.06では、ローレイヤーとハイレイヤーからのパーマ技術を解説します。

vol.06 パーマ〈レイヤー（上）〉
技術解説／MARBOH
[MAGNOLiA]
本体1,400円＋税

vol.07は、ショートレイヤーのカットベースから、JカールとWウエーブのデザインのつくり方を解説しています。加えて、パーマに欠かせない「ケミカルの基礎知識」も紹介しています。

vol.07 パーマ〈レイヤー（下）＋ケミカル知識〉
技術解説／MARBOH
[MAGNOLiA]
本体1,400円＋税

前上がりと前下がりのグラデーションのカットベースに、それぞれJカールとWウエーブをどうつければ良いかを解説しています。セクションごとの解説で、実践に即役立つ内容になっています。

vol.08 パーマ〈グラデーション〉
技術解説／MARBOH
[MAGNOLiA]
本体1,400円＋税

ヘアスタイルの特徴や目指す仕上がりに応じて、プレドライ〜ブラシワークまで、基礎技術を徹底解説。vol.09は、グラデーションスタイルを解説します。

vol.09 ブロー〈グラデーション〉
技術解説／土屋信也・長塩 雅
[ZA/ZA]
本体1,400円＋税

幅広い世代のお客さまに通用するブローテクニックの基礎をオールカラーで解説。ブロー初心者も、学び直したいベテランも。vol.10は、レイヤースタイルを解説します。

vol.10 ブロー〈レイヤー〉
技術解説／土屋信也・長塩 雅
[ZA/ZA]
本体1,400円＋税

待望のヘアカラー編が登場。ヘアカラーに必要な基礎知識から、リタッチに必要な技術、バージン毛へのワンメイクまで、絶対に知っておきたいヘアカラー情報が満載です。

vol.11 ヘアカラー〈リタッチとワンメイク〉
技術解説／imaii
本体1,400円＋税

「リタッチ（ツータッチ）」「既染部への対応」「酸性カラー」「ブリーチ」の全4章。今さら聞けないヘアカラーの基本技術を、見やすい写真と分かりやすいイラスト等で細かく解説しています。

vol.12 ヘアカラー〈さまざまな塗布方法〉
技術解説／imaii
本体1,400円＋税

ヘアカラーデザインに欠かせない「ウィービング」を基礎から徹底解説。チップのとり方や塗布の仕方から、ホイルのたたみ方まで、押さえておきたいポイントとともに紹介します。

vol.13 ヘアカラー〈ウィービング〉
技術解説／imaii
本体1,400円＋税

髪を部位ごとに染め分ける技法「エリアワーク」には、ウィービング以外にもさまざまな方法が存在します。効果やポイントが異なるそれらの学び、組み合わせて仕上げるまでを徹底解説！

vol.14 ヘアカラー〈さまざまなエリアワーク〉
技術解説／imaii
本体1,400円＋税

待望のアップ編が登場。ホットカーラーの巻き方やブローの仕方を含めた、アップスタイルをつくる前の「仕込み」から、ていねいに解説。

vol.15 アップ〈一束＋スパイラルカール〉
技術解説／高畑克己・久保一三
[FEERIE]
本体1,100円＋税

15巻で学んだ「一束」の応用である「ひねり一束」と、夜会巻きの入門編ともいえる「重ね夜会」のつくり方を学びます。さらに、三つ編み、編み込み、ロープ編みなども細かく解説。

vol.15 アップ〈ひねり一束＋編み込み〉
技術解説／高畑克己・久保一三
[FEERIE]
本体1,100円＋税

17巻からは、内側にすき毛を入れて結いあげるスタイルを学びます。基本的な「一束」と、バックをひねり上げる「ひねり一束」のスタイルを紹介。ブラッシングのコツや、すき毛の成形方法も。

vol.17 アップ〈一束（すき毛あり）〉
技術解説／高畑克己・久保一三
[FEERIE]
本体1,100円＋税

バックの毛束を重ね合わせる「重ね夜会」と、土台をゴムで結ってつくる「本夜会」のスタイルを解説。バックの毛束を上げるときの立ち位置や、仕上げるスタイルに合わせたすき毛の成形方法も。

vol.18 アップ〈夜会（すき毛あり）〉
技術解説／高畑克己・久保一三
[FEERIE]
本体1,100円＋税

ベーシック・オブ・ベーシックシリーズ
vol.01〜05 電子版発売中
全編オールカラー！

profile

塚本 繁 [K-two]
Shigeru Tsukamoto

つかもと・しげる／1973年生まれ。大阪府出身。ル・トーア東亜美容専門学校卒業後、兵庫県内1店舗を経て渡英。帰国後、'99年『K-two』入社。現在は同社サロン事業部代表として全国11店舗を統括し、業界内外で活躍中。

Special Thanks

make-up_Kurumi Shimoda [K-two]
photo_Kei Fuse [JOSEI MODE]
illustration_Keiko Nishikawa
book design_store inc.

売れる! 使える!
小顔カット徹底講座

2016年4月25日　初版発行

[定価] 本体2,500円＋税
[著者] 塚本 繁 [K-two]
[発行人] 寺口昇孝
[発行所] 株式会社女性モード社
　〒161-0033　東京都新宿区下落合3-15-27
　TEL.03-3953-0111（代）　FAX.03-3953-0118
　〒541-0043　大阪市中央区高麗橋1-5-14・603
　TEL.06-6222-5129　FAX.06-6222-5357
　http://www.j-mode.co.jp
[印刷・製本] 株式会社千代田プリントメディア

©K-two effect
Published by JOSEI MODE SHA CO.,LTD.
Printed in JAPAN
禁無断転載